질병 특약백서

질병 특약백서
3대 질환 진단비 특약편

초판 2쇄 발행 2023년 10월 20일

지 은 이 홍성민
감수·검수 네오머니(주) 금융컨텐츠팀
편   집 김정식
디 자 인 조선미
펴 낸 이 김문성

주   소 서울시 강남구 선릉로112길 12-2(삼성동)
전   화 02-2088-5480
팩   스 02-2088-5490

이 책은 저작권법에 따라 보호받는 저작물이므로 무단 전재와 무단 복제를 금지하며,
이 책 내용의 전부 또는 일부를 이용하려면 반드시 저작권자와 네오머니(주)의 서면동의를 받아야 합니다.
잘못된 책은 구입하신 서점에서 바꿔 드립니다.

질병 특약백서

보장설계를 위한 특약의 모든 것

3대 질환
진단비 특약편

NEO MONEY

목차

진단비 ... 6
진단비를 보장하는 특약의 종류 ... 8
진단비 보장 설계의 기준 ... 10

01 | 암 진단비 특약의 유형과 (일반)암 진단비 특약 ... 14

암 진단비 특약의 종류 ... 15
(일반)암 진단비 특약 특징과 상담 포인트 ... 20

02 | 유사암 및 소액암 진단비 특약 ... 27

유사암 진단비 특약 특징과 상담 포인트 ... 28
소액암 진단비 특약 특징과 상담 포인트 ... 34

03 | 부위별 암 진단비 특약 ... 41

호흡기암(폐암, 후두암) 진단비 특약 특징과 상담 포인트 ... 47
위암·식도암 진단비 특약 특징과 상담 포인트 ... 50
대장암·소장암·항문암 진단비 특약 특징과 상담 포인트 ... 53
간암·췌장암 진단비 특약 특징과 상담 포인트 ... 57
비뇨기관암(신장암, 방광암) 진단비 특약 특징과 상담 포인트 ... 61

04 | 여성·남성 특화암 진단비 특약 ... 64

유방·여성생식기암 진단비 특약 특징과 상담 포인트 ... 65
남성특정암(남성생식기암) 진단비 특약 특징과 상담 포인트 ... 70

05 | N대 특정암·고액암·4기암 진단비 특약 ... 73

N대 특정암 진단비 특약 특징과 상담 포인트 ... 76
4기암·고액암 진단비 특약 특징과 상담 포인트 ... 81

06 | 양성종양 진단비 특약 · · · · · · 87

위 · 십이지장 · 대장 양성신생물 진단비 특약 특징과 상담 포인트 · · · 89
양성뇌종양 · N대 질병 양성종양 진단비 특약 특징과 상담 포인트 · · · 93

07 | 재진단(계속받는)암 및 2차암 진단비 특약 · · · · · · 97

재진단암 · 2차암 진단비 특약 특징과 상담 포인트 · · · 98
계속받는 3대질병 진단비 특약 특징과 상담 포인트 · · · 103

08 | (경증)혈관질환 진단비 특약 · · · · · · 107

경증혈관질환(뇌혈관, 심장, 대동맥류, 죽상경화증) 진단비 특약 특징과 상담 포인트 · · · 108
순환계질환 진단비 특약 특징과 상담 포인트 · · · 117

09 | 뇌심선행질환(고혈압, 당뇨 등) 진단비 특약 · · · · · · 123

뇌심선행질환 · 순환계질환 진단비 특약 특징과 상담 포인트 · · · 126
당뇨합병증 · 일과성뇌허혈발작 진단비 특약 특징과 상담 포인트 · · · 132

10 | 뇌혈관질환 진단비 특약 · · · · · · 139

뇌출혈 · 뇌경색증 진단비 특약 특징과 상담 포인트 · · · 141
(특정)뇌혈관질환 · 뇌졸중 진단비 특약 특징과 상담 포인트 · · · 147
뇌혈관질환 진단비 특약 특징과 상담 포인트 · · · 152

11 | 허혈성 심장질환 관련 진단비 특약 · · · · · · 156

허혈성 심장질환 관련 진단비 특약 특징과 상담 포인트 · · · 158

대가족 시대에는 누군가 아프더라도
나머지 가족이 보험의 역할을
할 수 있었습니다.

하지만 핵가족, 1인 가구가 증가하는
현대 사회에서는 아프면 돈을 벌지 못하고,
줄어든 소득을 보완할 방법이 없습니다.

이때 **구원의 손길을 내미는
유일한 가족이 "진단비"라는
가족입니다.**

진단비

"진단비 보장은 보장의 시작이자
보장의 기본이다."

진단비 보장 특약

진단비를 보장하는 특약의 종류

암 진단비

암종류별
- 일반암
- 유사암/소액암
- 부위별 암
  - 호흡기(폐/후두)암
  - 위/식도암
  - 대장/소장/항문암
  - 간/췌장암
  - 비뇨기관(신장/방광)암
- N대 특정암/고액암/단계별 암

성별
- 남성/여성 특화암

재발, 전이
- 2차암/재진단암

기타
- 양성종양

순환계질환 진단비

심장질환
- 허혈성심장질환
- 기타심장질환

뇌질환
- 뇌혈관질환
- 뇌전증
- 뇌동맥류

기타 순환계질환
- 기타 순환계질환
- 뇌심선행질환(고혈압, 당뇨)

말기·만성질환 진단비

말기질환 종류별
- 말기신부전증
- 말기폐질환
- 말기간경화

만성질환 종류별
- 만성신부전증
- 만성호흡기질환

진단비를 보장하는 특약의 종류

간질환 진단비

간질환 종류별
- 간질환
- 말기간경화
- 간경변증

간염
- 급성간염

희귀질환 진단비

희귀질환 종류별
- 크론병
- 파킨슨병
- 결핵
- 루게릭병
- 다발경화증
- 운동신경세포병
- 재생불량성빈혈

소액·다빈도질환 진단비

다빈도질환 종류별
- 대상포진
- 통풍
- 갑상선질환
- 전염병
- 요로결석
- 자궁내막증
- 오십견
- 하지정맥류
- 욕창
- 장질환
- 눈질환
- 전립선
- 호흡기질환
- 신장질환
- 류마티스관절염

진단비 보장 특약

진단비 보장 설계의 기준 ①
보장의 우선 순위 | 치명성+발생 확률

진단금 보장의 우선순위를 정할 때는 치명성(조기 사망 위험이 높거나 소득 상실 위험이 큰 질병)과 발생 확률을 고려해 판단한다. 남자의 질병 사망원인 상위 5대 질병은 "암, 심장질환, 뇌혈관질환, 간질환, 당뇨병"이며, 여자의 위험한 5대 질병은 "암, 심장질환, 뇌혈관질환, 알츠하이머, 당뇨병"이다.

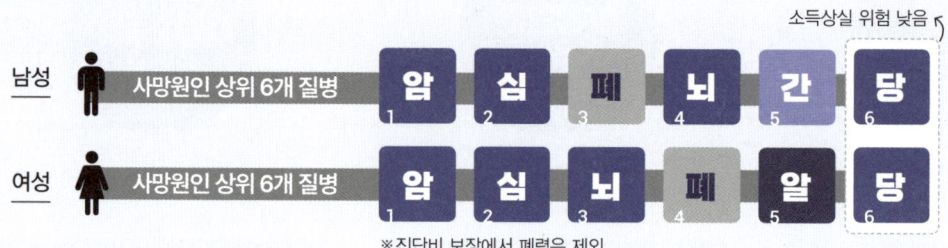

※ 진단비 보장에서 폐렴은 제외

(자료: 사망원인통계, 통계청, 2021)

궁금해요! why?

왜?
사망원인 3위인 폐렴의 진단비 보장은 없을까?

3대질환 사망자 수
1위 암(82,688명)
2위 심장질환(31,569명)
3위 폐렴(22,812명)

폐렴 환자 연령
* 어릴 때 많이 발생
42% 0~9세
24% 70세 이상

폐렴 사망자 연령
* 80세 넘어 사망
70% 80세 이상

(자료: 사망원인통계, 통계청, 2021)

어릴 때 많이 발생하고, 덜 치명적이며 나이 들어 사망
➤ 소득상실 위험이 낮고, 치료비도 작기 때문

진단비 보장 설계의 기준 ②
진단비의 보장액 크기 | 소득상실 위험+고액 치료비

진단비의 크기를 결정할 때는 소득상실 위험이 크거나, 고액 치료비가 필요한 질병에는 높은 진단비를, 그렇지 않은 질병에는 낮은 진단비를 설정한다. 따라서 암, 심장질환, 뇌혈관질환, 간질환, 치매(알츠하이머 포함) 및 희귀/말기/난치성 질환은 보장을 높여야 한다.

희귀/말기/난치성 질환은 발생확률이 낮은데도 불구하고 높은 진단비를 설정해야 하는 이유는 발생시 재난적 상황이 생기기 때문이며, 환자 수가 적은 만큼 보험료가 저렴하기 때문에 부담도 적다.

진단비 보장 설계의 기준 ③
진단비 보장 특약의 트렌드 변화

과거의 진단비 보장 특약은 넓은 범위의 질병 보장 중심이었다. 따라서 높은 수준의 보험료를 내면서도 각자의 특성에 맞춘 보장이 쉽지 않았다. 하지만 최근에는 진단기술의 발전과 질병에 대한 이해도가 높아지면서 각자의 특성에 맞춘 세부적인 보장특약으로 진화하고 있다.

암진단 관련 특약의 경우 암의 종류별로 보장을 선택할 수 있는 "암종류별 보장특약"이 개발된 것이 대표적인 예이다.

이와 함께 표적항암치료제, 면역항암치료제, 양성자치료처럼 과거에는 없던 치료법이 보편적인 치료법으로 자리 잡으면서 치료비 부담이 늘어난 것도 고려할 필요가 있다. 이제 진단비 보장 특약 설계시 이러한 트렌드 변화까지 고려해야 할 시대가 된 것이다.

진단비 표준 화법 ①
진단비는 왜 필요한가요?

"보험금을 받기 위해서는 우선 진단이 이루어 지고, 치료, 수술을 하게 됩니다. 진단이 되지 않으면 치료를 할 수 없지 않습니까? 진단은 모든 보장의 기본입니다."

진단비의 중요성 3가지

① 진단이 확정되어야 수술, 치료행위가 수반된다. 보장의 시작은 진단이다.
② 진단비 특약은 가장 쉽게 받을 수 있는 보장으로, 보장의 기초이다.
③ 진단비는 치료비로도 활용할 수 있고, 소득상실로 인한 경제적 부담, 치료 후 계속되는 재활과 재발 방지를 위한 부담에 대비할 수 있기에 중요하다.

진단비 표준 화법 ②
진단비 보장을 준비할 때는 무엇을 고려해야 할까요?

"진단비의 적정 규모는 발생확률과 치명성(치료 비용의 부담 + 소득상실 위험의 크기)의 조합으로 판단합니다. 여기에 보험료를 부담할 수 있는 여력을 고려해 현실적인 보장 크기를 결정하는 것이 좋습니다."

먼저, 치료비용에 대하여 말씀드리면

"암은 치료 환자 수가 36만명으로 1위, 요양급여비용도 약4조 원으로 발생률과 비용 측면에서 가장 높습니다. 그래서 가장 높은 수준의 진단금을 설정해야 합니다(2021년 3분기 기준)."

진료비 통계

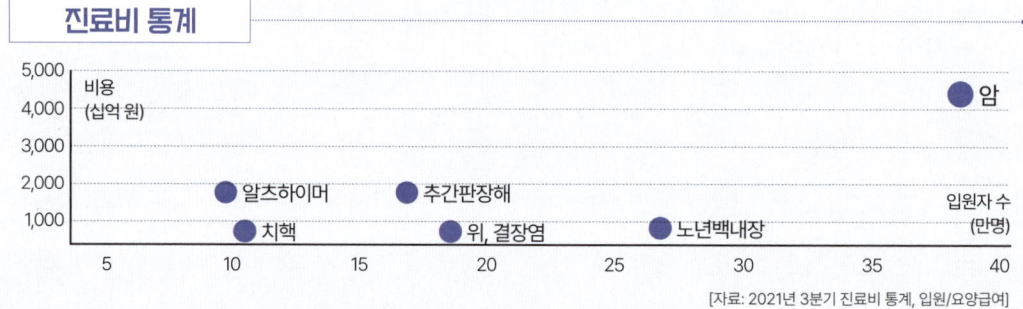

[자료: 2021년 3분기 진료비 통계, 입원/요양급여]

암은 입원환자 수 1위, 요양급여비용 약 4조 원으로 발생률과 비용측면에서 가장 높다

두 번째, 치명성도 고려하셔야 합니다.

"암, 심장질환 뇌혈관질환 등 3대 질환으로 남자의 46%, 여자의 41%가 사망합니다.
질병 사망자 2명 중 1명은 3대 질환으로 사망할 만큼 치명적이며, 일을 하지 못하는 소득상실 위험도 매우 크기에 이들 질병을 '보장의 BIG 3'라고 합니다."

주요 사망원인

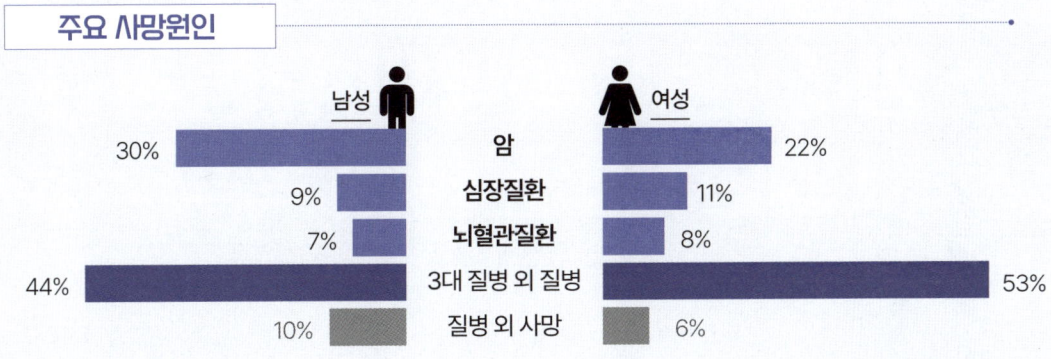

(자료: 사망원인통계, 통계청, 2021)

진단비 표준 화법 ③
진단비는 어느 정도나 준비해야 할까요?

"보험료는 발생확률에 의해 결정됩니다. 보험료가 저렴하다는 것은 발생확률이 낮다는 것이며, 보험료가 높다는 것은 그 만큼 많이 발생한다는 것입니다. 기본적으로는 보험료보다 발생확률과 치명성을 고려해야 하고, 그 다음 납입 여력에 따라 조정하는 것이 좋습니다. 정답은 없지만 기본적으로 준비해야 할 기준은 있습니다."

진단비 기준 예시

(단위: 만원)

암		심장질환		뇌질환		치매		기타	
일반암	5,000	급성심근경색	2,500	뇌출혈	2,000	중증치매	월 100	간질환	1,000
유사암	2,000	협심증	1,500	뇌출혈/뇌경색	2,000	중등도치매	1,000	기타질환 100~500만원 특약가입금액에 따라 빠짐없이	
		허혈성질환	1,000	뇌혈관질환	1,000	경증치매	1,000		
		기타심장질환	1,000						

※ 본 가이드라인은 이해를 돕기 위한 예시 입니다. 남녀의 차이, 가족력, 건강상태, 나이에 따라 조정되어야 합니다.
※ 진단비 보장은 소득상실의 크기를 고려해야 합니다. 연간 소득 1억원인 가정과 5천만원인 가정은 진단비의 크기 또한 달라야 합니다.

01
암 진단비 특약의 유형과 (일반)암 진단비 특약

암 진단비는 최소한 연소득의
1배 이상은 되어야 하며,
연소득의 3배 수준까지 필요하다.

· 암 진단비 특약의 유형
· (일반)암 진단비 특약

암 진단비 특약의 종류

암진단비를 지급하는 특약은 보장 대상이 되는 암을 어떻게 규정하고 있느냐에 따라 (일반)암, 유사암, 소액암, 2차암, 재진단암, 발생부위별 암 보장특약, 남성(특화)암, 여성(특화)암 등으로 구분한다. 이 외에도 암의 병기에 따라 보장 대상 암을 정의하는 특약도 존재한다.

핵심은 특약에서 보장하는 암이 어떤 암이며, 보장에서 제외되는 암이 어떤 암인지 확인할 수 있어야 하고, 부족한 부분을 보완할 수 있어야 한다는 것이다.

암 진단비 특약의 종류와 의미

1. 암 진단비 특약에 따라 보장대상 암의 종류가 다를 수 있으므로 확인이 필요하다.
2. 암은 종류에 따라 발생률, 치료비, 사망률에 차이가 있으므로 암종류에 따른 특징 이해가 필요하다.
3. 암은 성별(남성과 여성)의 차이에 따라 발생하는 암의 종류, 암 발생률에 큰 차이가 있다.

암 진단비를 지급하는 다양한 특약들

암의 종류에 따른 보장	재발에 따른 보장	성별에 따른 보장	심화도에 따른 보장
암종류별 발생 위험과 치명성 차이에 따라 맞춤 보장을 선택할 때	암은 재발 위험이 높은 질병, 재발 위험에 대비할 때	남성과 여성에게 위험한 암은 서로 다르므로 성별 맞춤 보장이 필요할 때	초기암, 고액암, 4기암 보장이 필요할 때
• (일반)암 보장 • 유사암 보장 • 소액암 보장 • 부위별 암 보장	• 2차암 보장 • 재진단암 보장	• 여성암 보장 • 남성암 보장	• 4기암 보장 • 초기○○암 보장 • 초기이외○○암 보장 • 고액암 보장

(일반)암, 소액암, 유사암 보장 특약 Map

주1) 초기유방암, 초기갑상선암 등을 보장에서 제외하기도 함
주2) 유방암, 양성뇌종양 등을 포함하여 보장하기도 함

※ 특약에 따라 위의 구분이 상이할 수 있으므로 회사별, 상품별 특약을 확인해야 함

암 진단비 특약의 특징을 알아야 하는 이유

1. 보험금 지급의 기준이기 때문
보장에 직접적인 영향을 미치기 때문에 보장 대상암 및 보장 제외 암에 대해 정확하게 알아야 한다.

2. 납입면제의 기준이기 때문
납입면제 또한 고객의 이익에 매우 중요한 부분이다. 납입면제 사유에 해당하는 암이 어떤 것인지 특약을 통해 정확하게 알아야 한다.

보험금 지급의 기준	납입면제 여부의 기준
[약관의 예] 이 계약에 있어서 '암(기타피부암, 갑상선암, 대장점막내암 제외)'이라 함은...	[약관의 예] 이 계약에 있어서 '납입면제의 대상이 되는 암(기타피부암, 대장점막내암, 초기유방암, 초기갑상선암 제외)'이라 함은...
▶ 보장 제외 암을 별도로 명시	▶ 납입면제 제외 암을 별도로 명시

암 진단비 보장 특약을 이해하기 어려운 이유

보험회사별로 사용하는 용어가 다르고 보장 대상 암과 제외되는 암의 종류가 미세하게 다른 경우가 많아 특약을 보지 않으면 명확하게 알기 어렵기 때문이다.

예) 유사암 특약과 소액질병 보장특약

1 **손해보험회사에서 "유사암"이란**
경계성종양, 제자리암, 기타피부암, 갑상선암을 의미

2 **생명보험회사에서 "소액질병"이란** * 실제로는 소액암 보장 특약과 유사
경계성종양, 제자리암, 기타피부암, 갑상선암, 대장점막내암을 의미

3 **상품에 따라 "초기갑상선암", "초기유방암"을 별도로 분류하여**
보장에 포함하거나 제외되기도 함

(일반)암 진단비 특약을 쉽게 이해하는 방법

1. 일반암 진단비 특약은 주요한 암 대부분을 보장

일반암 진단비 특약이 보장하는 암을 외우기보다는 보장에서 제외되는 암을 외우는 것이 쉽다.

2. 소액암과 유사암의 개념이 손해보험회사와 생명보험회사가 다름을 이해

일반적으로 손해보험회사의 유사암은 경계성종양, 제자리암, 기타피부암, 갑상선암으로 정의된다. 생명보험회사의 소액암은 유사암 4가지에 대장점막내암이 포함되는 것이 일반적이다. 한편, 손해보험회사의 소액암은 유방암, 방광암, 전립선암, 자궁암이 포함되는 것이 일반적이다.

3. 약관에 따라 제외되기도 하고, 포함되기도 하는 암종들에 주목

갑상선암과 유방암이 대표적인데, 이들 암종을 초기와 초기 이외로 나누어 보장범위를 정하는 경우가 있으니 이 부분을 체크한다.

(일반)암 진단비 특약 체크 프로세스

CHECK 1	보장 제외 암종 체크
CHECK 2	갑상선암, 유방암의 초기암 보장여부 체크
CHECK 3	보장 제외 암의 보장 특약 가입여부 체크

달인의 화법 | **고객이 이해하기 쉽게 정리하고 쉽게 설명해야 한다**

"많은 분들이 암 보장에 상당한 돈을 지불하고 있습니다. 그럼에도 불구하고 어떤 암을 보장받고 있는지, 얼마나 진단금이 지급되는지 정확하게 아는 분들이 많지 않습니다. 빠진 부분, 부족한 부분, 과도한 부분을 체크하고 가족력과 건강 상황을 고려해 보완해 나가는 것이 암보장의 핵심입니다. 제가 전체적으로 알기 쉽게 정리해서 보여 드리겠습니다."

상담 포인트

❶ _ 암 진단비 특약의 기본적 구조를 설명

일반암, 유사암, 소액암, 소액질병 등 특약의 이름으로도 어떤 암이 보장 대상인지, 제외되는지를 기본적으로 알 수 있도록 이해하여야 한다.

❷ _ 암 보장 분석의 중요성과 보장 분석 방법을 먼저 고객에게 안내

고객에게 보장분석을 제안하면 '혹시 또 보험을 팔려고 하는 것이 아닐까?' 생각할 수도 있다. 이를 방지하기 위해서는 어떻게 보장 분석을 할 것이며, 같은 비용으로 더 나은 보장을 제공할 수 있음을 사전에 안내하는 것이 중요하다.

❸ _ 암 진단비 특약의 지도(Map)을 머리 속에 그린다.

상담시 주요 암 진단비 특약의 종류와 특징을 정리한 지도를 백지에 그릴 수 있도록 정리해 놓아야 한다. 백 마디 말보다 한 장의 그림이 이해하는데 더 도움이 되기 때문이다.

진단비 보장 특약

(일반)암 진단비 특약
특징과 상담 포인트

✓ 암보장의 기초는 (일반)암 진단비 보장, 기초가 튼튼해야 쓰러지지 않는다

약관(요약)

○○생명보험 암 진단특약 — 유형 ①

피보험자가 보험기간 중 암 보장개시일 이후에 암으로 진단 확정되었을 경우 보험금 지급기준표에 따른 보험금을 지급합니다.(해당 질병에 대하여 각각 최초 1회한)

* 보험금 지급기준표 (특약가입금액 1,000만원 기준)

> 경계성종양, 제자리암, 기타피부암, 갑상선암, 대장점막내암 진단 시 각각 ○○○원[주1] 을 지급하며, 이 외의 암(별도로 보상대상 질병을 열거) 진단시 1,000만원을 지급한다. (1년내 50% 지급 /단, 유방암은 180일 이내 100만원 지급)
>
> * 주1)의 예 : 경계성종양 200만원, 제자리암 200만원, 기타피부암 100만원, 갑상선암 300만원, 대장점막내암 100만원

○○생명보험 암 보장특약(일반암) — 유형 ②

이 특약에서 암(기타피부암, 대장점막내암, 초기갑상선암, 초기유방암 제외)이라 함은 [별표]주2) 에서 정한 질병에서 대장점막내암, 초기유방암, 초기갑상선암을 제외한 암으로 진단 확정되었을 경우 보험금을 지급합니다.(최초 1회한)

○○손해보험 암진단비 Ⅱ(유사암 제외) 특약 — 유형 ③

피보험자가 보험기간 중 암 보장개시일 이후에 암(유사암 제외)으로 진단확정된 경우 최초 1회에 한하여 이 특별약관의 보험가입금액을 지급합니다. 이 특약에서 암이란 [별표00]주2)에서 정한 질병을 말합니다. (최초 1회한)

* 주2) 별표 – 악성신생물(암) 분류표

> 1. 입술, 구강 및 인두의 악성신생물 (C00~C14)
> 2. ... (중략)
> 21. 만성호산구성 백혈병(D47.5)까지 21개 항목의 보장대상 질병(암)을 열거 → 특약 가입금액을 지급 (1년내 50% 지급)

M/E/M/O

(일반)암 보장 특약의 보장대상암은?

(일반)암 보장 특약은 제외되는 일부 암종 외의 대부분의 암을 보장한다. 약관에서는 보장 대상 암을 나열하고 있으며, 보장에서 제외되는 암을 별도로 명시하고 있는데, 제외되는 암종 외의 나머지는 모두 보장된다고 볼 수 있다.

(일반)암 보장특약의 보장대상 암종

* 주2) 별표 - 악성신생물(암) 분류표

대상질병	분류번호
1. 입술, 구강 및 인구의 악성신생물	C00~C14
2. 소화기관의 악성신생물	C15~C26
3. 호흡기 및 흉곽내기관의 악성신생물	C30~C39
4. 골 및 관절연골의 악성신생물	C40~C41
5. 흑색종 및 기타 피부의 악성신생물	C43~C44
6. 중피성 및 연조직의 악성신생물	C45~C49
7. 유방의 악성신생물	C50
8. 여성생식기관의 악성신생물	C51~C58
9. 남성생식기관의 악성신생물	C60~C63
10. 요로의 악성신생물	C64~C68
11. 눈, 뇌 및 중추신경계통의 기타 부분의 악성신생물	C69~C72
12. 갑상선 및 기타 내분비선의 악성신생물	C73~C75
13. 불명확한 이차성 및 상세불명 부위의 악성신생물	C76~C80
14. 림프, 조혈 및 관련조직의 악성신생물	C81~C96
15. 독립된(원발성) 여러 부위의 악성신생물	C97
16. 진성 적혈구증가증	D45
17. 골수형성이상 증후군	D46
18. 만성 골수증식질환	D47.1
19. 본태성(출혈성) 혈소판혈증	D47.3
20. 골수섬유증	D47.4
21. 만성호산구성 백혈병(과호산구증후군)	D47.5

※ 이들 질환 중 기타피부암, 갑상선암은 보장에서 제외됨
※ 여기에 경계성종양, 제자리암을 포함해 별도의 유사암 보장을 통해 보장받을 수 있도록 함
※ 상품에 따라서는 초기갑상선암, 초기유방암을 보장에서 제외하기도 함

(일반)암을 보장하는 다양한 특약의 차이점은?

(일반)암을 보장하는 특약의 유형은 크게 세 가지로 분류할 수 있다.

유형 ①	일반암과 소액암(유사암)을 모두 보장하되 **암의 종류별로 지급액을 차등화**하는 특약
유형 ②	**일부 초기암을 보장에서 제외**하는 특약 (예: 초기유방암, 초기갑상선암 제외)
유형 ③	유사암을 제외하고 **나머지 암종은 모두 보장**하는 특약 (이해하기 쉽다는 것이 장점)

보장에서 제외되는 암이 많은 특약이 좋을까? 나쁠까?

1. 기본적으로 보장의 범위가 넓으면 유리한 것이 사실이지만 고려할 것이 하나 있다.
2. 보장대상이 넓으나 보험료가 높다면 불리할 수도 있으므로 보험료 또한 고려대상이 되어야 한다.
3. 중요한 것은 보장에서 제외되는 부분을 보완하여 보장에 구멍이 생기지 않게 하는 것이다.
4. 보장대상도 넓으면서 보험료도 저렴한 상품이 있다면 가성비가 높은 암보험이다.

(일반)암 보장의 가입 규모는?

암 진단금은 높을수록 좋지만 보험료 부담을 고려하지 않을 수 없다.

일반암은 치료비 부담이 클 뿐만 아니라 치료 중은 물론 치료 이후에도 지속적으로 관리해야 하며, 재발 및 전이에도 대비해야 하고 소득상실 위험 또한 높다. 그러므로 최소한 1년 연소득 수준의 보장은 기본이며, 여기에 가족력과 건강상태를 고려해 보장을 추가하는 방식으로 가입 규모를 결정한다.

(일반)암 보장설계의 예

1. 고객의 연소득을 고려
연소득이 1억원이라면 일반암 진단금의 규모를 최소한 1억원 이상으로 한다

2. 가족력이 있다면 진단금을 높인다
가족력이 있다면 진단금을 높인다. 가족력이 매우 강하다면(예 : 부모 모두 암유병자) 3배로, 가족력이 약하다면 2배로, 가족력이 없다면 연소득 수준으로 구성한다.

3. 보험료가 부담된다면?
갱신형보험을 활용하거나 부위별 암보장 특약을 활용하여 조정한다.

달인의 화법   일반암 보장의 중요성과 보장에서 제외되는 암에 대한 대비 필요성을 설명한다.

"경험적으로 암보장이 없는 분들은 거의 없는 것 같습니다. 핵심은 어느 정도의 보장을 준비해야 하는가 인데요, 일반암의 경우 고객님의 연소득이 중요한 기준이 될 것 같습니다.
암 치료로 인해 소득이 중단되면 연소득이 2억원인 분이 연 소득 5천만원인 분에 비해 소득상실 충격이 훨씬 크기 때문입니다.

여기에 고객님 가족의 가족력이 있다면 2배에서 3배로 보장을 높이시는 것이 좋겠습니다. 가입하신 보험을 분석해 보아야 하겠지만 보장에서 제외되는 암이 있다면 이 부분도 보완하실 수 있도록 설계해 보겠습니다."

상담 포인트

① _ (일반)암 진단비 보장은 가장 보장범위가 넓으며, 가장 중요한 암에 대한 보장을 제공한다.

남자에게 위험한 5대암은 "폐암, 간암, 대장암, 위암, 췌장암"이며,
여자는 "폐암, 대장암, 췌장암, 간암, 유방암"이다.(사망자 기준)
이들 암 모두 암 진단비를 보장한다.

② _ (일반)암 진단비 보장은 연 소득을 기준으로 적정 수준을 결정한다.

암은 소득상실에 따른 위험 또한 매우 큰 질병으로, 소득 수준이 높을 수록 더 높은 수준의 진단금이 필요하다.

③ _ 암은 가족력의 영향을 크게 받는 질병이기에 가족력이 있다면 보장을 확대해야 한다.

약한 가족력(가족 중 1명 암)의 경우 연소득의 2배 이상, 강한 가족력(가족 중 2명 이상이 암)의 경우 연소득의 3배 이상은 되어야 한다.

④ _ (일반)암 보장특약에서 보장하지 않는 암이 어떤 것인지 알고, 이를 보완해야 한다.

M / E / M / O

02

유사암 및 소액암 진단비 특약

조기 진단 능력이 최고인 대한민국,
그 결과 유사암 진단 건수가 크게 증가했다.

• 유사암 진단비 특약
• 소액암 진단비 특약

유사암 진단비 특약
특징과 상담 포인트

약관(요약)

○○손해보험 유사암 진단비 특약

제자리암, 경계성종양, 기타피부암, 갑상선암으로 진단이 확정된 경우 이 특별약관에 따라 다음의 금액을 지급

* 특별약관의 예 - 금액의 지급기준이 다양

예 1) 보험가입금액을 지급

예 2) 10년까지는 보험가입금액의 100%를, 이후에는 200% 지급

예 3) 납입기간 중에는 보험가입금액을, 납입기간이 지난 후에는 5년마다 체증

M/E/M/O

유사암이란?

유사암은 보험회사의 약관에서 "유사암"이라고 정의한 암의 그룹을 의미하며 의학적인 용어는 아니다. 일반적으로 전이 가능성이 약하고 생명에 큰 영향을 주지 않으면서 비교적 쉽게 치료할 수 있는 암종 및 아직 암으로 발전하기 전이지만 암이 될 가능성이 높은 종양 등은 고액의 치료비가 필요한 질병은 아니다. 따라서 보장설계를 할 때도 이런 암들을 구분해 '유사암'으로 정의하고 별도로 보장하는 것이 합리적일 수 있다. 일반적으로 '유사암'은 손해보험회사에서 주로 사용하는 용어이다.

유사암의 종류

경계성 종양(D37~D48)
양성과 악성의 경계에 있는 종양으로 조직학적으로 암에 해당하지 않은 상태 (악성, 양성 구분이 불분명)

제자리암(D00~D09)
암으로 분류하지 않지만 잠재적으로 암이 될 수 있는 종양으로, 암의 진행이 부위에 따라 매우 가변적인 종양

기타피부암 (C44)
피부암을 크게 나누면 악성흑색종(C43)과 기타피부암(C44)으로 구분하는데 악성흑색종을 제외한 대부분의 피부암을 비흑색종피부암(=기타피부암) 이라 한다. 표피, 기저층, 피지, 땀샘등에 나타나며 전이가 드문 악성종양

갑상선암 (C73)
갑상선의 악성 신생물

유사암 진단비 특약의 보장대상 질병은?

유사암 진단비 특약은 약관에 보장 대상 질병을 질병분류코드로 명시하고 있다. 구체적인 암종류는 다음과 같다.

C73 갑상선암 갑상선의 악성신생물

C44 기타피부암 기타 피부의 악성 신생물

D00 ~ D09 제자리암 '0기암' 또는 '상피내암'이라고도 함
   ① 구강, 식도 및 위의 제자리암종
   ② 기타 및 상세불명의 소화기관의 제자리암종
   ③ 중이 및 호흡계통의 제자리암종
   ④ 제자리흑색종
   ⑤ 피부의 제자리암종
   ⑥ 유방의 제자리암종
   ⑦ 자궁경부의 제자리암종
   ⑧ 기타 및 상세불명의 생식기관의 제자리암종
   ⑨ 기타 및 상세불명 부위의 제자리암종

D37 ~ D48 경계성종양 행동양식 불명 또는 미상의 신생물
   ① 구강 및 소화기관   ② 중이, 호흡기관, 흉곽내기관
   ③ 여성생식기관   ④ 남성생식기관
   ⑤ 비뇨기관   ⑥ 수막
   ⑦ 뇌 및 중추신경계통   ⑧ 내분비선
   ⑨ 림프, 조혈 및 관련조직(만성골수증식질환 (D47.1),
      본태성(출혈성) 혈소판 혈증(D47.3), 골수섬유증(D47.4),
      만성호산구성백혈병[과호산구증후군(D47.5)은 제외]
   ⑩ 기타 및 상세불명 부위

유사암 진단비 특약의 진단금 지급은?

유사암 진단비 특약은 보장 대상 암 진단 확정 시 각각 1회한으로 진단금을 지급한다.

○○ 손해보험 유사암 진단비 특약의 지급사유

구분	지급금액
제자리암진단비 경계성종양진단비 기타피부암진단비 갑상선암진단비 (각각 1회한)	이 특별약관 보험가입금액의 100%

유사암 진단비 보장의 필요성은 더 커지고 있다

특약을 선택할 때는 해당 질병의 과거, 현재, 미래의 변화추이를 살펴볼 필요가 있다. 발생이 늘어나고 있거나 치료비가 증가하고 있다면 미리 준비하는 것이 유리하기 때문이다. 유사암은 여타 암종에 비해 발생 환자 수가 급증하는 특징을 가진다. 제자리암의 경우 최근 21년 간 남자는 79배, 여자는 5.5배 증가하고 있다.

제자리암 발생자 수와 추이

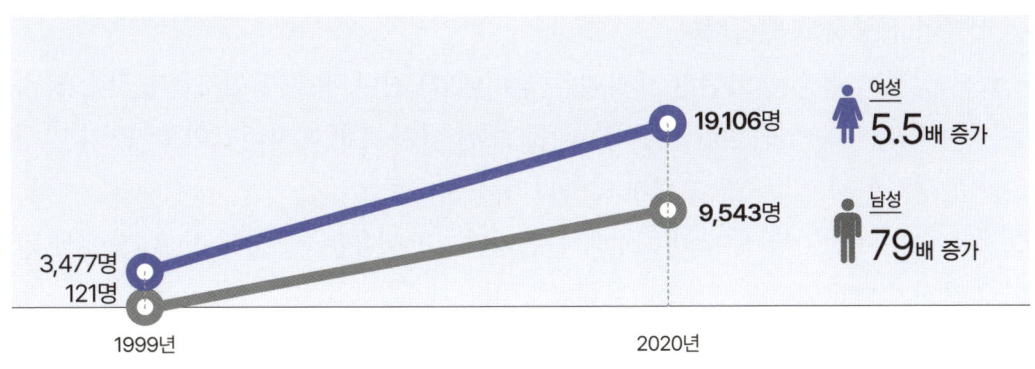

(자료: 국가암정보센터, 2020)

제자리암 환자가 급증하고, 여자가 남자보다 많은 이유는?

제자리암은 대부분 특별한 이상징후가 없기 때문에 발견하기 어렵다. 하지만 진단기술의 발달과 정기적인 건강검진을 통해 초기에 발견되기에 제자리암 환자가 급증하는 것으로 보인다.

여성에게 특히 많은 이유는 자궁경부나 유방 부위에서 많이 발견되기 때문이다. 따라서 여성은 유사암 보장을 일찍 준비하고, 진단금도 높일 필요가 있다.

제자리암 발생현황 및 부위

	총발생자 수	1위	2위	3위
남성	9,543명 (100%)	대장 (44.7%)	방광 (22%)	위 (15.7%)
여성	19,106명 (100%)	자궁경부 (45.6%)	유방 (24.6%)	대장 (13.1%)

(자료: 국가암정보센터, 2020)

달인의 화법 — 남녀 모두 급격한 환자 수 증가, 그리고 여성의 환자 수는 남성의 2배임을 설명한다.

"요즘 건강검진을 받으면 대장내시경, 위 내시경을 다들 하시는데요, 고객님은 어떠십니까? 과거에는 거의 하지 않았던 이런 검사가 일반화 되면서 초기에 암을 발견하는 사례가 급증하고 있습니다.

자료를 살펴보니 최근 21년간 제자리암(상피내암) 진단 건수가 여자는 5.5배, 남자는 무려 79배나 늘었습니다. 이런 통계를 보면 남자에게 제자리암이 더 많이 발생한다고 생각할 수 있는데, 그렇지 않습니다.

발생자 수는 여자가 남자에 비해 2배나 됩니다. 그 이유는 자궁, 유방, 대장에서 많이 발견되기 때문입니다. 당연히 보험료도 여자가 높습니다.

그래서 유사암 보장은 여자가 남자에 비해 더 많이, 더 빨리 준비해야 하며, 남자 또한 가입이 빠를수록 보험료를 아낄 수 있습니다.

상담 포인트

1_ 유사암의 보장대상 암종은 '경·제·기·갑'

경계성종양, 제자리암, 기타피부암, 갑상선암을 보장 대상 암으로 규정

2_ 유사암은 과거에 비해 발생자 수가 크게 늘어난 암으로, 이는 조기 진단 능력과 관련

제자리암(상피내암)의 경우 최근 21년간 남자는 79배, 여자는 5.5배나 늘어날 정도로 발생률이 상승

3_ 남자는 발생자 수 증가율이 매우 높으며, 여자는 남자에 비해 발생자 수가 2배나 많다

- 여성에게 특히 많은 이유는 자궁경부와 유방에서 많이 발견되기 때문.
- 과거에 비해 남자는 발생자 수가 대폭 증가하였고, 여자는 남자보다 절대적인 발생자 수가 많기 때문에 남녀 모두 보장을 강화할 필요성 증대

소액암 진단비 특약
특징과 상담 포인트

약관(요약)

○○생명보험 소액질병보장 / 소액암보장 특약

피보험자가 보험기간 중 암 보장개시일 이후에 기타피부암, 갑상선암, 대장 점막내암, 제자리암 또는 경계성종양으로 진단확정시 약정한 진단자금 지급(해당 질병에 대하여 각각 최초 1회한)

○○생명보험 암추가보장특약 1

기타피부암, 초기갑상선암, 대장점막내암, 제자리암 또는 경계성종양으로 진단 확정되었을 경우 약정한 진단자금(지급기준표)을 지급
(지급기준은 각각 200만원 한도 지급 〈특약 가입금액 1,000만원 기준〉)

○○생명보험 암추가보장특약 2

유방암, 전립선암 및 초기 이외의 갑상선암으로 진단이 확정되었을 경우 2년 미만일 때 500만원, 2년 이상일 때 1,000만원 지급 (특약 가입금액 1,000만원 기준)

○○손해보험 암진단비(소액암 제외) 특약

암(소액암 제외)라 함은 "암"에서 기타피부암, 갑상선암 및 약관에서 정한 소액암을 제외한 질병을 말한다.

소액암

대상질병	분류번호
유방의 악성신생물	C50
자궁경부의 악성신생물	C53
자궁체부의 악성신생물	C54
전립선의 악성신생물	C61
방광의 악성신생물	C67

M/E/M/O

소액암은 생명보험회사와 손해보험회사의 '개념에 큰 차이'가 있다

생명보험회사에서는 기타피부암, 갑상선암, 대장점막내암, 제자리암 또는 경계성종양을 소액암 또는 소액질병 보장대상 암으로 정의하고 있다.

한편 손해보험회사에서는 소액암을 유방암, 방광암, 전립선암, 자궁암으로 정의하고 있어, 용어는 같아도 대상 암종은 전혀 다르다.

생명보험회사 소액암(소액질병 보장대상 암)	≠	손해보험회사 소액암
• 기타피부암 • 갑상선암 • 대장점막내암 • 제자리암 또는 경계성종양		• 유방암 • 방광암 • 전립선암 • 자궁암

생명보험회사의 소액암 vs 손해보험회사의 유사암

생명보험회사의 소액암 특약에 비교될 수 있는 것이 손해보험회사의 유사암 특약이다. 이 둘의 보장 대상 암종의 공통점과 차이점은 다음과 같다.

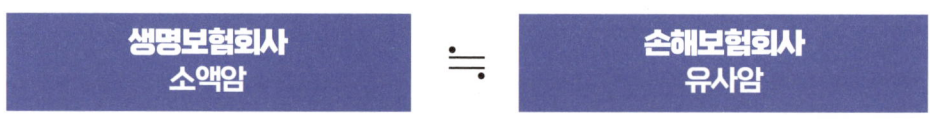

공통점	• 경계성종양, 제자리암, 기타피부암, 갑상선암 보장은 동일
차이점	• 생명보험회사의 소액암(소액질병)에는 대장점막내암이 포함되며 • 약관에 따라서, **유방암을 초기와 초기 이외의 유방암으로 구분하거나 갑상선암을 초기와 초기 이외의 갑상선암으로 구분하거나 전립선암을 포함**하는 특약 등이 있으므로 소액암보장특약 약관 확인이 필수적임

※ 특약 예시(생명보험회사)

'본 특약의 보장대상 질병은 경계성종양, 제자리암, 기타피부암, 중증 이외의 갑상선암, 초기유방암, 비침습방광암, 제자리암, 양성뇌종양이다.'

손해보험회사의 '소액암'은 어떤 의미가 있나?

손해보험회사의 경우 소액암으로 분류하고 있는 유방암, 방광암, 전립선암, 자궁암은 일반암과 동일한 보장금액으로 보장하는 경우가 많다.

일반암과의 차이점은 가입 후 1년이 지나지 않아 소액암 진단이 확정될 경우 가입금액의 50%를 지급하는 기간 감액규정이 있다는 것이다.

예를 들어 ○○손해보험회사에 암 진단비 7천만원, 유사암 진단비 3천만원에 가입 후 유방암으로 진단이 확정되었다면, 암진단비 7천만원을 받을 수 있다. 단, 유방암은 "소액암"에 속하므로 보험계약일로부터 1년 미만의 진단이 확정된 경우라면 50%인 3천5백만원만 수령하게 된다.

대장점막내암이란?

대장점막내암은 생명보험회사의 소액암의 범주에 속하나, 손해보험회사의 유사암 범주에는 속하지 않는다.

대장점막내암은 대장의 상피세포층에서 발생한 악성종양 세포가 기저막을 뚫고 내려가서 점막고유층 또는 점막근층을 침범하였으나 점막하층까지는 침범하지 않은 상태의 질병(질병분류코드 D01)을 말한다.

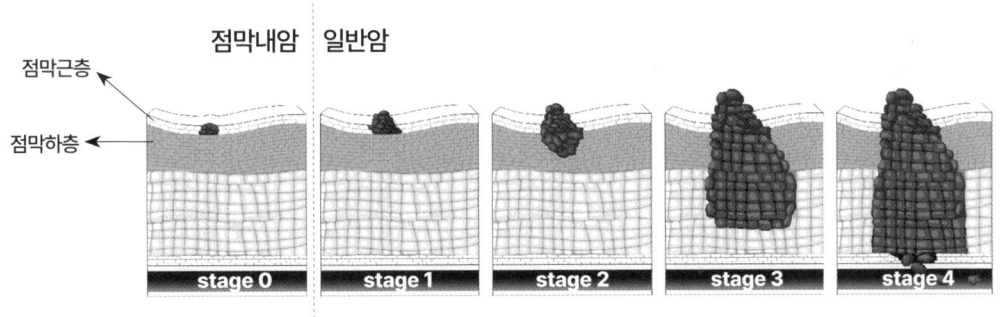

초기유방암, 초기갑상선암의 정의는?

갑상선암이나 유방암 중에서 가장 큰 종괴의 크기가 2cm이하이면서 전이가 없는 상태의 암을 초기암이라고 한다. 즉, 보험약관상 두 가지 요건을 충족해야 하는 것이다.

초기갑상선암	갑상선암에 해당하는 질병 중에서 유두암 또는 여포암이고, 암종괴의 크기가 2.0cm 이하면서 림프절 전이나 원격전이가 없는 모든 갑상선암
초기유방암	'유방암'에 해당하는 질병 중에서 침윤암종(invasive carcinoma)의 크기가 2.0cm 이하면서 림프절 전이나 원격전이가 없는 모든 유방암

More Info

다양한 유사암 보장특약

진단비를 체증하는 유사암 특약

유사암 진단비를 지급하는 특약 중에는 다양한 옵션을 제공하는 특약들이 존재한다.

- 유사암 진단비(10년 후 2배 체증)특약
- 유사암 진단비(10년 후 3배 체증)특약
- 일정기간이 지나면 유사암 진단비를 변액보험 수익률에 따라 체증시키는 특약
  (예: 초과 수익을 일시납보험료로 유사암 보장에 투여하는 상품 - 암변액보험 등)

유사암 또는 소액암 용어를 사용하지 않지만 유사암 보장을 제공하는 특약

다음의 특약은 주계약과 함께 종속적으로 가입해야 하는 종속특약의 형태로 활용되는 경우가 많다(독립 특약도 존재함). 종속특약에서의 소액암 보장특약은 일반적인 소액암 보장과 대상 암종이 다름에 주의하자.

• 암플러스추가보장특약

GI보험과 같이 주계약에서 암을 보장하는 경우 주계약에서 보장 제외되는 유사암 등을 보장하기 위한 특약으로, 종속특약(주계약에 따라 반드시 가입되는 특약)이 많다.

> 기타피부암, 갑상선암, 대장점막내암, 제자리암, 경계성종양, 유방암으로 진단시 특약가입금액 지급(1년 미만 50%, 최초 1회한)

• 암플러스추가보장특약 II

특약 중에는 전립선암 및 초기 이외의 갑상선암에 대한 진단금을 지급하는 특약도 있다.(종속특약)

> 기타피부암, 갑상선암, 대장점막내암, 제자리암, 경계성종양, 유방암으로 진단시 특약가입금액 지급(1년 미만 50%, 최초 1회한)

• 소액질병보장특약

생명보험회사에서 사용하는 용어이며, 유사암을 보장하는 특약으로 소액암과 구분해 사용한다.

> **소액암 보장특약**
> 전립선암 및 초기 이외의 갑상선암 진단시 특약가입금액 지급
> (2년 미만 50%, 최초 1회한)

> **소액질병 보장특약**
> 기타피부암, 갑상선암, 대장점막내암, 제자리암, 경계성종양으로 진단이 확정되었을 경우(1년 미만 50%, 최초 1회한)

진단비 보장 특약

달인의 화법 | 유사암의 진단건수 증가 추세와 유사암의 진단금을 주제로 상담합니다

"많은 분들이 유사암 보장을 가지고 계시는데 실제 보장금액이 얼마인지 질문하면 모르는 경우가 많습니다. 특약가입금액이 1천만원일 때, 유사암 보장금액은 종류에 따라 200만원, 400만원 등으로 낮기 때문입니다.(생명보험회사의 소액암 보장 특약을 예시로 설명) 이 때문에 유사암 진단비 보장액이 적은 경우가 대부분인데요, 특히, 여성은 유사암 보장이 업그레이드 되어야 합니다.

암 조기 진단기술이 발전하고 있고, 그 결과 과거에 비해 유사암 환자가 크게 늘어나는 추세인데요, 앞으로도 유사암 진단 건수는 계속 증가할 것 같습니다. 여성의 경우 유사암 환자 수가 남성에 비해 2배나 됩니다."

상담 포인트

① 소액암 보장특약(생명보험회사)의 보장대상 암종은 경.제.기.갑.대

손해보험회사의 유사암(경·제·기·갑) + 대장점막내암을 포함한 암이 보장대상

② 생명보험회사의 소액암과 관련된 특약의 명칭이 다양하므로 약관 확인

소액암보장특약, 소액질병보장특약, 암추가보장특약 등 유사한 보장을 제공하는 특약이 다수 있어 해당 약관 확인이 필수적이다.

③ 소액암, 유사암 보장시 보장 대상에서 빠진 암종을 확인해야 하는 이유는 부족한 부분을 보완하기 위해서 꼭 필요하기 때문

유방암, 갑상선암, 전립선암, 방광암이 보장대상에 포함되는지, 초기만 포함되는지를 주의 깊게 확인할 필요가 있다. 또한, 특약가입금액의 지급 기준인 진단시 100%지급인지, 암종류별로 감액 지급인지, 경과기간 1년 미만에는 50%만 지급하는지도 확인해야 한다.

03

부위별 암 진단비 특약

암이라고
다 같은 암이 아니다.

- 호흡기암(폐암, 후두암) 진단비 특약
- 위암·식도암 진단비 특약
- 대장암·소장암·항문암 진단비 특약
- 간암·췌장암 진단비 특약
- 비뇨기관암(신장, 방광암) 진단비 특약

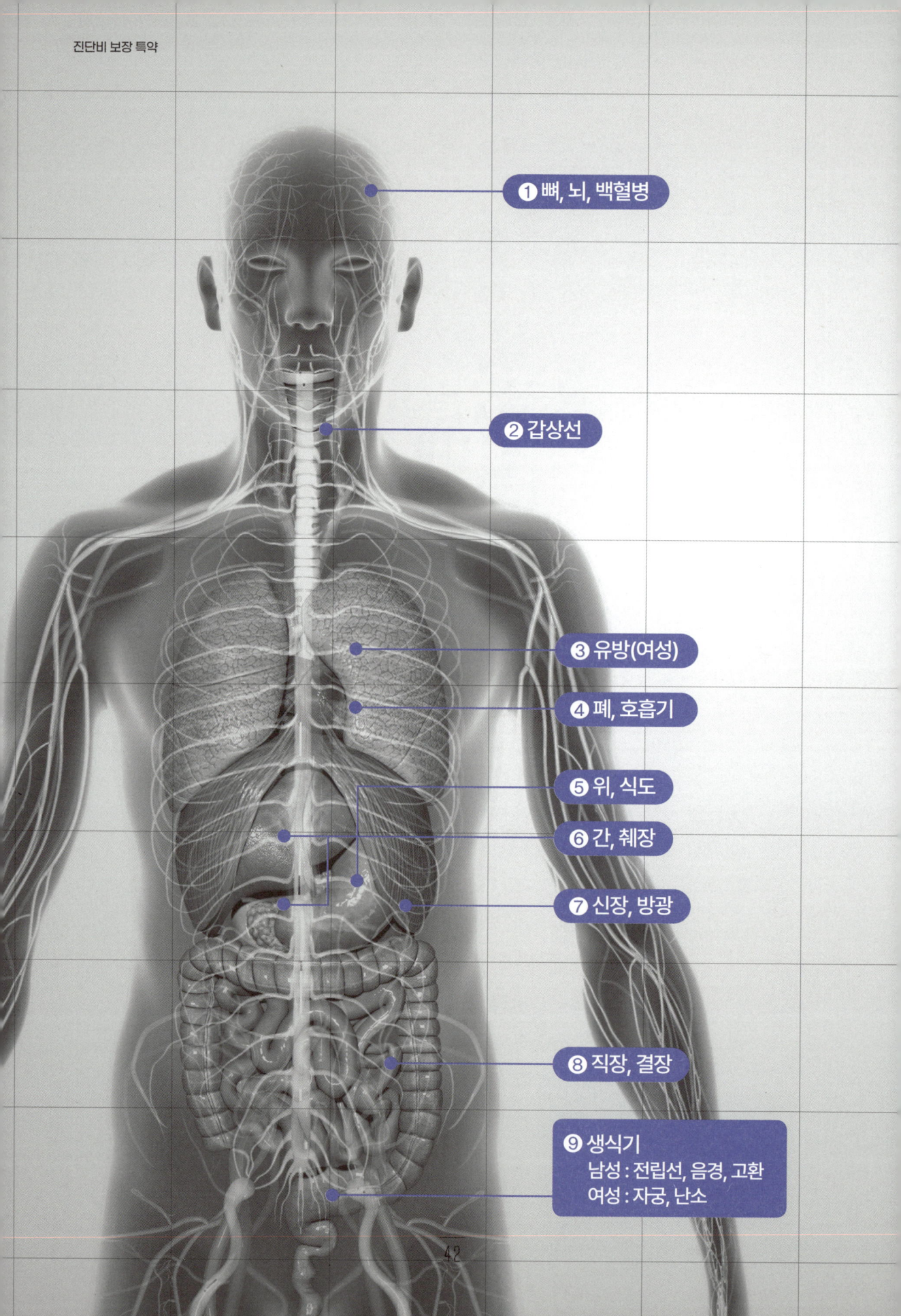

인체 주요 기관 및 해당 부위별 발생 암종

생명보험회사 특약	손해보험회사 특약
❶ 뼈, 뇌, 백혈병	고액치료비암 (골, 관절연골, 뇌 및 중추신경, 림프 조혈, 식도, 췌장)
❷ 초기이외의 갑상선암	갑상선암, 초기제외 갑상선암 진단비
❸ 여성암보장(유방암 포함)	여성생식기 관련암(유방암 별도)
❹ 호흡기암(폐, 후두)	폐암 진단비
❺ 위암 및 식도암	위암 진단비
❻ 간암 및 췌장암	간·담낭·담도·췌장암 진단비
❼ 신장암 및 방광암	비뇨기관암(신장, 방광, 요관) 진단비
❽ 직장암, 결장암	대장·소장·항문암 진단비
❾ 남성생식기암(전립선암 포함)	남성생식기 관련암

부위별 암 진단비 특약의 중요성

사람마다 가족력이 다르고 건강상태가 다르다.

넓은 암보장을 제공하는 (일반)암 보장이 좋기는 하지만 보험료가 높아 충분한 보장을 만들기 어려울 수 있다. 자신의 상황에 맞게 필요한 암만 보장 받으면서 보험료 부담도 줄이고자 한다면 부위별 암 보장 특약을 활용하면 좋다.

부위별 암 진단비 보장 포인트 ①
가족력

- **대부분의 암이 가족력의 영향**을 받는 것으로 알려지고 있음
- **위암 / 폐암** : 가족력이 있는 경우 발병 가능성이 2~3배 증가
- **대장암** : 대장암 환자의 15~20%가 가족력 있음 (특히 형제자매)
- 여성에게 많은 암(**유방암, 난소암, 자궁암**) : 가족력의 영향이 큼
- 가족력이 있을 경우 **조기 발병 가능성**이 높아짐

부위별 암 진단비 보장 포인트 ②
나이

- **나이에 따라** 발생하는 암종이 다름
- 15~34세 : 갑상선암이 가장 많이 발생하며, 혈액암종 또한 많음
- 65세 이상 : 대장암, 폐암이 많아짐

03. 부위별 암 진단비 특약

	15세 이전	15~34세	35~64세	65세 이상
남성	① 백혈병	① 갑상선암	① 위암	① 폐암
	② 림프종	② 백혈병	② 대장암	② 전립선암
		...		③ 위암
		⑤ 대장암		④ 대장암
여성	① 백혈병	① 갑상선암	① 유방암	① 대장암
	② 뇌, 중추신경계	② 유방암	② 갑상선암	② 폐암
				...
				④ 유방암

부위별 암 진단비 보장 포인트 ③
성별

- 남자와 여자에게 각각 많이 발생하는 **암종 또한 상당히 다름**
- **남성**은 **폐암, 위암, 전립선암, 대장암, 간암**이 발생률 높은 5대암
- **여성**은 **유방암, 갑상선암, 대장암, 폐암, 위암**이 5대암
- 암 발생자 중 남성 29%, 여성 40%가 상위 2개 암종으로 발병

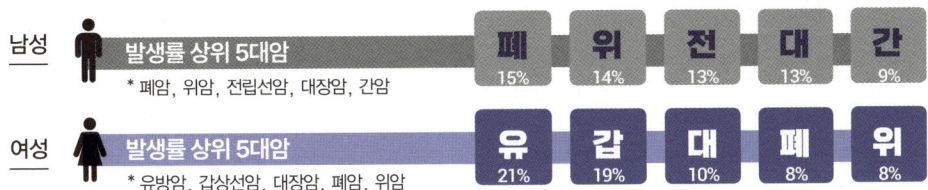

남성 발생률 상위 5대암
* 폐암, 위암, 전립선암, 대장암, 간암
폐 15% / 위 14% / 전 13% / 대 13% / 간 9%

여성 발생률 상위 5대암
* 유방암, 갑상선암, 대장암, 폐암, 위암
유 21% / 갑 19% / 대 10% / 폐 8% / 위 8%

(수치 : 암 발생자 중 암종별 발생비율, 자료 : 2020 주요암 발생현황, 국가암정보센터, 2020)

부위별 암 진단비 특약의 활용법

의학기술과 유전학이 발달하면서 최근에는 암의 종류에 따라 발생원인과 치료 방법이 차별화 되고 있다. 이에 따라 암 진단금 보장 특약 또한 암의 종류에 따라 차별화 하고 있다.

발생률이 높은 암은 소액을 보장하는 경우가 많아 보장이 부족한 경우가 많으며, 가족력이 있거나 특히 건강상 이상이 있는 경우에는 보장을 강화해야 하는데, 이 때 필요한 보장이 부위별 보장 특약이다.

암 부위별 보장 활용을 위한 체크 포인트

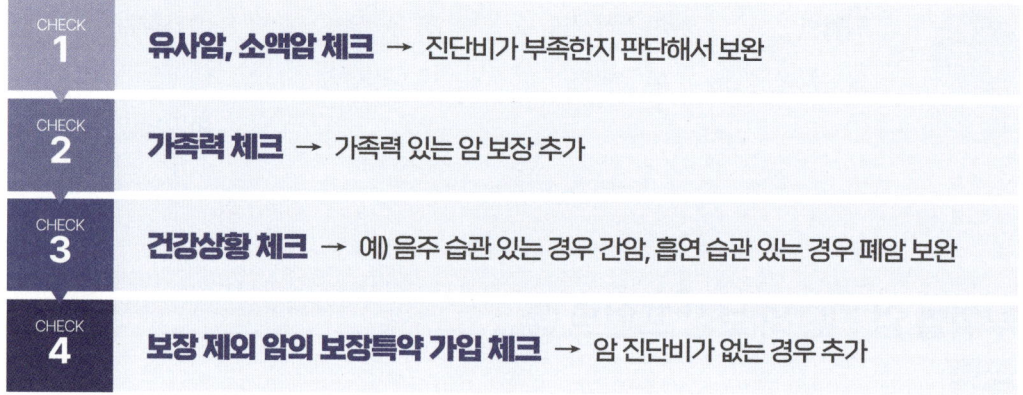

- **CHECK 1** 유사암, 소액암 체크 → 진단비가 부족한지 판단해서 보완
- **CHECK 2** 가족력 체크 → 가족력 있는 암 보장 추가
- **CHECK 3** 건강상황 체크 → 예) 음주 습관 있는 경우 간암, 흡연 습관 있는 경우 폐암 보완
- **CHECK 4** 보장 제외 암의 보장특약 가입 체크 → 암 진단비가 없는 경우 추가

암 보장특약과 부위별 보장특약의 조합 포인트

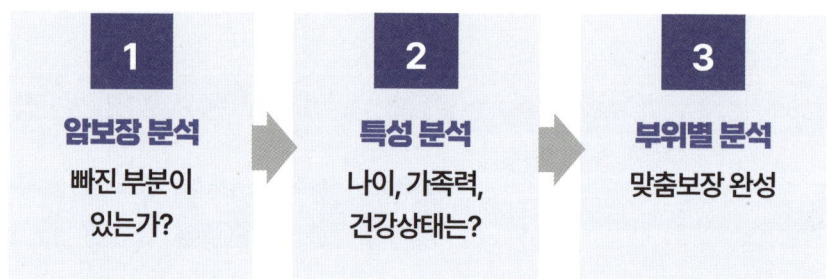

1. **암보장 분석** - 빠진 부분이 있는가?
2. **특성 분석** - 나이, 가족력, 건강상태는?
3. **부위별 분석** - 맞춤보장 완성

(폐암, 후두암)
호흡기암 진단비 특약
특징과 상담 포인트

✓ 폐암은 암 위험지수 남자 1위, 여자 2위에 해당하는 암이다

약관(요약)

호흡기암 진단특약의 보장대상 암

구분	분류코드
비강 및 중이의 악성신생물	C30
부비동의 악성신생물	C31
후두의 악성신생물	C32
기관의 악성신생물	C33
기관지 및 폐의 악성신생물	C34
흉선의 악성신생물	C37
심장, 종격 및 흉막의 악성신생물	C38
기타 및 부위불명의 호흡기 및 흉곽내기관의 악성신생물	C39

폐암 진단특약의 보장대상 암

구분	분류코드
기관의 악성신생물	C33
기관지 및 폐의 악성신생물	C34

※ 90일 면책, 최초 1회한, 암진단 시 납입면제, 원발성만 보장(전이암은 보장하지 않음)

Point 폐암 진단특약은 기관지 및 폐암(C33, C34)을 보장대상으로 하며, 호흡기암 진단특약은 폐, 후두, 흉선 등 호흡기 전체를 보장대상으로 함

호흡기암(폐암) 사망자 수는 허혈성 심장질환 사망자 수보다 많다

기관지 및 폐암 사망자 수는 남자의 경우 허혈성 심장질환보다 많으며 여자는 비슷한 수준이다. 사망자 수를 기준으로 남,녀 모두 1위인 암이 폐암이며, 발생자 수 기준으로 남자 1위, 여자 4위인 암이 폐암이다.
한마디로 암 중에서도 가장 위험한 암인 것이다.

기관지 및 폐암

- 폐암은 사망자 수 기준으로만 보면 남성 1위, 여성 1위의 암
- 발생건수도 남성 약 2만명, 여성 약 1만명에게 발생될 만큼 많음

	허혈성 심장질환 사망자 수	기관지 및 폐암 사망자 수
남성	7,922명 (4.6%)	13,953명 (8.1%)
여성	6,193명 (4.4%)	4,949명 (3.4%)

(자료: 2021 사망원인통계, 중앙암등록본부, 2020)

폐암의 특징

폐암은 암 세포의 크기에 따라 비소세포암과 소세포암으로 구분하는데 폐암 환자 대부분은 비소세포암으로, 조기에 진단하여 수술하면 완치를 기대할 수 있다. 크기가 작은 소세포암은 다른 장기로 전이가 잘 되는 특징이 있다.

폐암의 특징과 위험

- 폐암 발생자는 남성 1위(19,657명, 15%), 여성은 4위(9,292명, 8%)

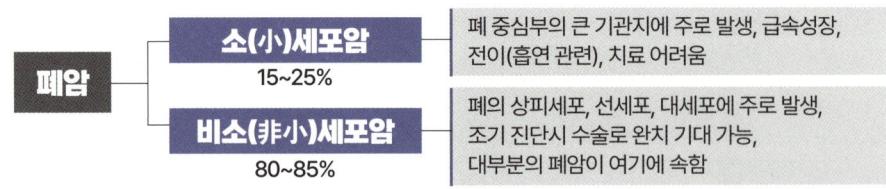

(자료: 국가암정보센터, 2020)

※ 비소세포암은 최근 표적항암치료제 및 면역항암치료제를 활용한 치료가 많이 행해지고 있음
(펨브롤리주맙(상품명: 키트루다)은 생존기간을 2배 가까이 연장)

달인의 화법 | 폐암은 위험하고 비싼 치료제가 개발되기에 별도로 꼭 보장을 추가

"제 자신을 위해 암보장 설계를 한다면 일반암 진단비와 유사암 진단비 보장 외에 꼭 넣어야 한다고 생각하는 것이 폐암 진단비입니다.

폐암은 허혈성 심장질환으로 인한 사망자보다 더 많이 사망하는 암입니다.

남자, 여자 모두 암 중에서 사망원인 1위인 암이며, 환자 수도 많은 암이기 때문입니다. 또 하나의 이유는 최근 표적항암치료제 및 면역항함치료제를 활용한 치료가 많이 행해지고 있기 때문입니다. "키트루다"라는 면역항암제의 경우 폐암 환자의 생존기간을 2배 가까이 늘렸다는 보고도 있을 만큼 새로운 폐암 관련 치료제로 주목을 받고 있는데요, 아시겠지만 이런 치료제는 매우 고가의 치료제입니다.

부위별 보장이라 다행히 보험료가 저렴합니다."

상담 포인트

① _ 폐암은 남자, 여자 모두 사망자가 가장 많은 암

남자 약 14,000명, 여자 약 5,000명이 폐암으로 사망하며, 사망자 기준 1위 암

② _ 폐암은 발생자도 매우 많은 암

남자는 약 2만명, 여자는 약 1만명 정도 발생할 만큼 발생자 기준 남자 1위, 여자 4위에 해당

③ _ 흡연, 암 가족력이 있다면 꼭 추가 가입이 필요한 보장

④ _ 폐암의 대부분은 비소세포암이며, 최근 면역항암제 등을 활용한 치료가 큰 효과를 나타내고 있어 향후 치료비 부담도 커지고 있는 암

최근 면역항암제의 등장으로 폐암 환자 생존율이 2배 이상 높아지는 결과가 나타나고 있으며, 4기 비소세포암 환자에게도 생존율을 높이는 효과를 보임

진단비 보장 특약

위암·식도암 진단비 특약
특징과 상담 포인트

✓ 위암은 암 발생률 3위에 해당할 만큼 흔한 암이다

약관(요약)

위암 및 식도암 보장특약

구분	분류코드
식도의 악성신생물	C15
위의 악성신생물	C16

위암 진단특약

위의 악성신생물(C16) 진단시 진단금 지급

M/E/M/O
_____
_____
_____
_____

위암, 식도암의 특징

- 위암은 위점막의 상피세포에서 발생(위선암)하며 침윤되며, 현미경 등으로 관찰할 수 있다.
- 위 샘조직의 고유형태가 유지되고 있는 경우 치료가 용이하지만 붕괴된 경우 전이 가능성이 높고 치료가 어려워진다.
- 위암은 간, 췌장, 십이지장, 식도, 폐, 복막으로 전이가 잘 되는 암이다.
- 식도암은 발생률 10위 내에 들지 않는 암으로 60대 이상의 남자에게 많으며 음주 및 흡연과 연관성이 높다.

위암, 식도암 보장의 필요성

위암은 발생자 기준 남자 2위(여자 5위)에 해당할 만큼 많이 발생하며, 사망자 또한 많은 암이다. 위암은 전이가 잘되는 특징을 가지며 가족력의 영향도 크게 받는 암종이기에 별도로 추가 보장이 필요한 대표적인 암 중 하나이다.

위암 및 식도암까지 보장하는 특약과 위암만을 보장하는 특약이 있다.
식도암은 전체 암중 1.1%를 차지하며 남자가 여자에 비해 9.7배 많이 발생한다.

위암 및 식도암 현황

- '위선암'이 위암 중 가장 많음

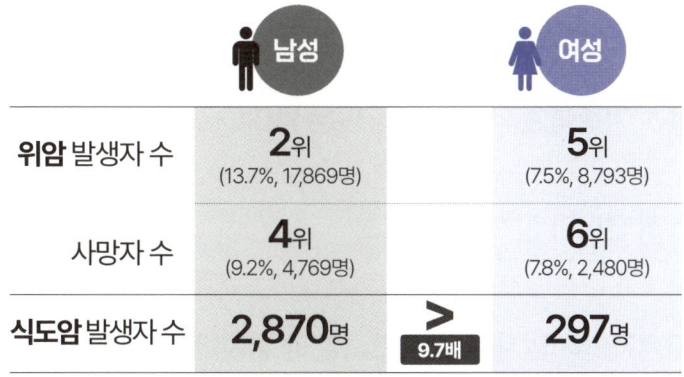

(자료: 2021 사망원인통계, 중앙암등록본부, 2020)

위암의 5대 위험요인

| 남성 | 가족력 | 흡연자 | 다량 음주자 | 헬리코박터 감염 |

- 직계가족 1명
  = **2.5배 위험 상승**

- 가족력 보유
  + 직계가족 1명
  + 다량 음주자
  = **9.58배 위험 상승**

(자료: 서울대학교 의과대학 김나영 교수팀, 2016)

달인의 화법
위암은 생활습관과 가족력의 영향을 크게 받는 질병이다.

"위암은 남녀 모두에게 발생률이 높고 사망률도 높은 암입니다. 따라서 가족력이 있거나 흡연, 음주, 매운 음식 선호, 남성, 헬리코박터 보유자의 경우 위암 보장을 특별히 더 높여야 합니다. 고객님은 혹시 이런 항목 중 해당하는 것이 있으신지요?"

상담 포인트

①_ 위암은 남자에게 폐암 다음으로 많고, 여자도 다섯번째로 많은 암

매년 남자 약 2만명, 여자 약 1만명에게서 위암이 발생하고 있다.

②_ 남자에게 특히 많은 이유는 술, 담배, 불규칙한 식사 등이 원인이기 때문이다.

위암, 식도암 모두 남자가 여자에 비해 많다.

③_ 위암은 특히 가족력의 영향을 크게 받는 암이다.

④_ 위암은 특히 전이가 잘 되는 암이다.

⑤_ 위암은 발생자와 사망자를 모두 고려할 때 남자에게는 폐암 다음으로, 여자에게는 대장암 다음으로 위험한 암이므로 반드시 추가 보장이 필요하다.

대장암·소장암·항문암 진단비 특약
특징과 상담 포인트

✓ 대장암은 남, 녀 모두에게 매우 흔한 암이다.

약관(요약)

대장암, 소장암, 항문암 진단비 특약

→ **대장암 + 소장암 + 항문암 보장**

대상질병	분류코드
소장의 악성신생물	C17
결장의 악성신생물	C18
직장구불결장접합부의 악성신생물	C19
직장의 악성신생물	C20
항문 및 항문관의 악성신생물	C21

직장암, 결장암 진단비 특약

C18, C19, C20 진단 확정시 특약가입금액 지급
※ 대장점막내암 보장 제외

소장, 직장, 결장의 차이는 무엇이고 대장암은 어떤 암인가?

대장은 맹장, 충수, 결장, 직장을 총칭하는 것이며, 수분 흡수, 다당류 흡수, 음식 찌꺼기로 변을 형성해 내보내는 기능을 담당한다.

대장암은 이곳에 생기는 암이며, 세부적으로 직장에 생기면 직장암, 결장에 생기면 결장암이라고 부른다.

소장, 대장의 구조와 대장암

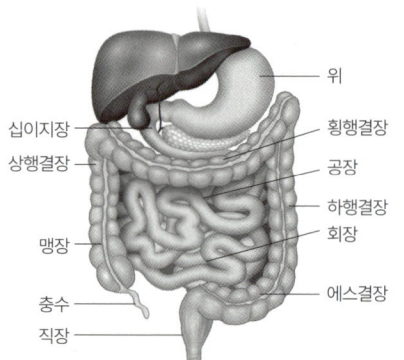

※ 대장은 맹장, 충수, 결장, 직장으로 구성
소장은 십이지장, 공장, 회장으로 구성

대장암의 대부분은 대장 점막 샘세포에서 발생하는 선암(샘암)이며, 대장점막내암은 대장의 상피세포층에서 발생한 악성종양세포가 점막하층까지는 침범하지 않은 상태의 암

소장암은 생소한데, 어떤 암인가?

소장은 위와 대장 사이에 있는 기관으로 발생건수는 희박한 암이다.
특별한 증상이 없어 늦게 발견되며, 남자가 여자에 비해 1.4배 많다.
다른 암처럼 수술 및 항암, 방사선 치료를 한다.

소장암

(자료: 2020 중앙암등록본부)

항문암은 별로 들어보지 못했는데, 어떤 암인가?

항문암은 전체 암 발생건수의 0.1%에 불과할 만큼 희소하다. 연간 325건이 발생하며, 여자에게 더 많이 발생한다.

항문암

(자료: 2020 중앙암등록본부)

대장암 보장은 별도로 준비해야 할까?

대장암은 발생률 3위에 해당할 만큼 많이 발생하는 암이며, 사망자 비율 또한 남자 3위, 여자 2위에 해당할 만큼 중요한 암이다.

대장암 보장에는 "대장·소장·항문암 진단비"와 "직·결장암 진단비" 특약이 있다. 또한, 대장점막내암이 보장에서 제외되는지 여부를 확인하고, 제외될 경우에는 별도로 대장점막내암 보장을 추가할 필요가 있다.

대장암 발생 및 위험

- 발생 나이는 60대(26.3%) → 70대(24%) → 50대(20.2%) 순

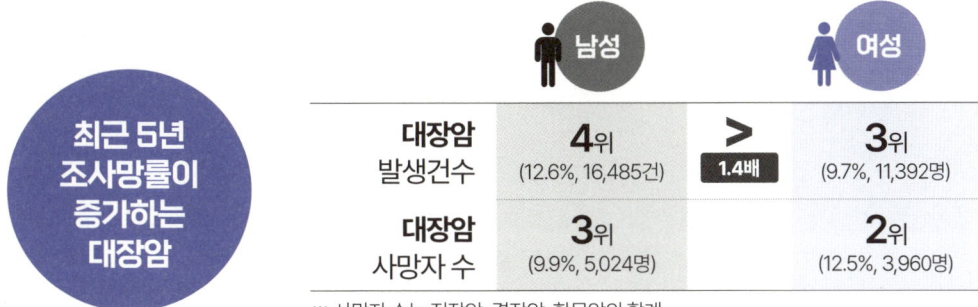

※ 사망자 수는 직장암, 결장암, 항문암의 합계

(자료: 2021 사망원인통계, 중앙암등록본부, 2020)

달인의 화법 | 대장암은 현대병이다.

"대장암은 남녀 모두에게 사망자와 발생자가 많은 암입니다. 발생환자 수로는 암 중 세 번째로 많으며, 사망자도 남자는 세 번째, 여자는 두 번째로 많습니다.
대장암은 과거에 비해 사망자 수, 사망률이 높아지는 추세를 보이는 암인데요, 현대사회의 풍요로움이 만든 결과가 아닐까 합니다.
여기에 가족력 또한 큰 영향을 미치는 암입니다."

상담 포인트

① 대장암은 남자, 여자 모두에게 발생률이 매우 높은 암으로 발생률 3위에 해당할 만큼 많은 암

남자 16,485명(12.6%), 여자 11,392명(9.7%)

② 대장암은 실생활과 관련이 크며, 특히 고기류, 주류 등을 과도하게 섭취할 때 많이 발생

③ 대장암으로 인한 사망자수 또한 암 중 3위에 해당할 만큼 많다.

남자의 4대 사망암은 폐·간·대·위 이며, 여자는 폐·대·췌·간 이다.

④ 대장암은 내시경 등을 활용한 조기 검진이 가능하며, 조기 검진을 통해 효과적인 치료 역시 가능하다. 따라서 대장점막내암에 대한 보장을 놓쳐서는 안된다.

간암·췌장암 진단비 특약
특징과 상담 포인트

✓ 간암은 특히 남자에게 자주 발생하고 사망률도 높은 암이며,
췌장암은 남녀 모두 발생률에 비해 사망자가 많은 두려운 암이다

약관(요약)

간·담낭·담도·췌장암 진단특약

간암 + 담낭암 + 담도암 + 췌장암 보장

대상질병	분류코드
간 및 간내 담관의 악성신생물	C22
담낭의 악성신생물	C23
담도의 기타 및 상세불명의 악성신생물	C24
췌장의 악성신생물	C25

간암 및 췌장암 진단특약

간암과 췌장암만 보장

대상질병	분류코드
간 및 간내 담관의 악성신생물	C22
췌장의 악성신생물	C25

간, 담도, 췌장의 역할과 보장의 중요성

스티브잡스는 췌장암으로 고생하다 간 이식을 받은 후 췌장암이 다시 간으로 전이되어 56세에 사망했다. 간암, 담도암, 췌장암은 증상 없이 늦게 발견되고, 발견되더라도 치료가 어려우며, 사망률이 매우 높은 암이란 특징을 가지고 있다. 74%의 환자가 1년 내에, 94%가 5년 내에 사망에 이를 만큼 치명적이다.

간, 담도, 췌장의 역할과 암의 특징

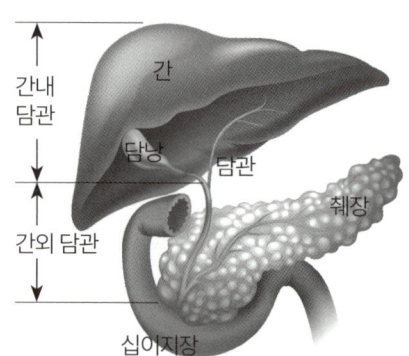

| 간
- 해독과 대사 담당 기관
- 침묵의 장기 (70% 손상되어도 증상없음)

| 담관(담도)
간에서 만들어진 담즙이 십이지장까지 가는 통로로 암세포로 인해 막히는 것이 담도암 (증상없어 늦게 발견)

| 췌장
- 소화효소인 췌액을 분비(외분비)하고 이를 담도를 통해 십이지장으로 배출
- 췌장세포의 무리(랑게르한스섬)에서 혈당을 조절하는 인슐린과 글루카곤을 분비(내분비)
- 췌장암 환자의 74%가 1년 내에, 94%가 5년 내에 사망

간암 보장을 별도로 해야 하는 이유는?

간암(C22)은 남녀를 합쳐서 15,152명에게서 발생할 만큼 많으며, 남자가 여자에 비해 2.8배 많지만 여자도 발생률 7위에 해당할 만큼 많이 발생하는 암이다.

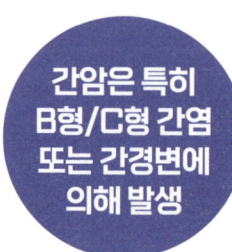

간암은 특히 B형/C형 간염 또는 간경변에 의해 발생

	남성		여성
간암 발생건수	5위 (8.5%, 11,150건)	> 2.8배	6위 (3.4%, 4,002명)
간암 사망자 수	2위 (14.8%, 7,524명)	> 2.8배	4위 (8.6%, 2,731명)

※ 사망자 수는 간암, 담관암의 합계 　　　(자료: 2021 사망원인통계, 중앙암등록본부, 2020)

췌장암 보장을 별도로 해야 하는 이유는?

보통의 암들은 발생자와 사망자 수의 차이가 크지만 발생자와 사망자 수가 거의 차이가 없는 암이 췌장암이다. 이는 조기 발견이 어렵고 발견하더라도 치료가 매우 어려운 질병(진단 당시 수술 가능환자는 20%에 불과)이기 때문이다.

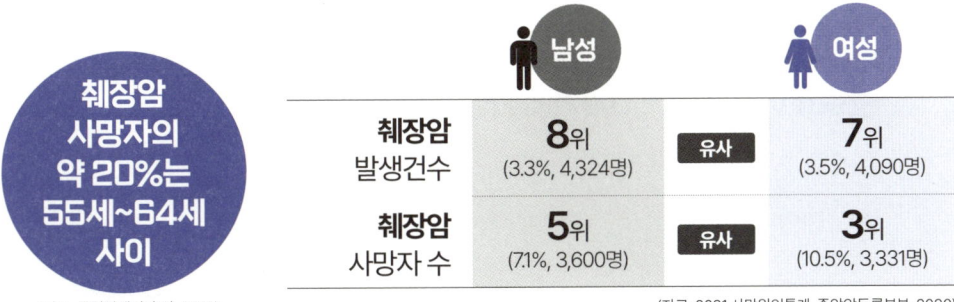

췌장암 사망자의 약 20%는 55세~64세 사이

(자료: 국립암센터 추산, 2010)

(자료: 2021 사망원인통계, 중앙암등록본부, 2020)

More Info

간암 및 췌장암 보장특약의 경우 여성과 남성의 월보험료 차이는 약 3배로 나타나고 있다. [예: 40세 여성(월 321원), 남성(월 957원), 특약 1천만원 기준, 20년 갱신]

달인의 화법

간암은 특히 남자에게 매우 위험한 암이다.

"간암은 여자에 비해 남자에게 약 3배나 많이 발생하는 암입니다.
또한 남자의 경우 폐암 다음으로 사망자 수가 많은 암입니다.
여자도 간암이 적지 않게 발생하지만 남자에게는 더욱 많고 위험한 암이라고 할 수 있습니다. 간암의 마지막 치료는 간 이식입니다."

췌장암은 발생하면 대부분 사망할 만큼 치명적인 암이다.

"스티브잡스가 췌장암으로 사망했다는 뉴스를 보셨을 것입니다.
아무리 돈이 많아도 고치기 힘든 병이 췌장암입니다.
췌장암은 연간 8천명에게서 발생하는데 놀랍게도 사망자는 연간 7천명입니다.
췌장암은 그만큼 치료가 어려운 암입니다."

상담 포인트

① 간암은 대표적인 남자의 질병. 남자가 여자에 비해 약 3배 더 많이 발생

정확하게는 남자가 2.8배 많으며, 여자에게도 발생률 6위에 해당하는 암

② 췌장암은 암 발견시 수술이 가능한 환자가 20%에 불과할 만큼 치료가 어렵고 5060시기에 가장 많이 발생한다.

췌장암은 특히 55세에서 84세 사이에 많이 사망하므로 중장년이라면 꼭 준비해야 한다.

③ 간암은 남자 사망률 2위에 해당할 만큼 위험한 암이며, 폐암 다음으로 사망자수가 많다.

암 사망자 중 남자의 경우 약 15%가 간암으로 사망하며, 여자는 약 9%가 간암으로 사망한다.

④ 간암 진단비 특약 보험료 또한 남자가 3배 정도 높다. 남자는 더욱 위험하기에 가입해야 하며, 여자는 보험료가 낮기 때문에 가입이 용이하다.

보험료의 차이는 위험률의 차이가 반영된 결과로, 실제 발생자 수 차이는 남자가 2.8배 많다.

(신장암, 방광암)
비뇨기관암 진단비 특약
특징과 상담 포인트

✓ 비뇨기관암은 남자에게 특히 많으며 50세에서 70세에 집중적으로 발생한다

약관(요약)

비뇨기관암 진단비 특약

대상질병	분류코드
신우를 제외한 신장의 악성신생물	C64
신우의 악성신생물	C65
요관의 악성신생물	C66
방광의 악성신생물	C67
기타 및 상세불명의 비뇨기관의 악성신생물	C68

신장암 및 방광암 진단비 특약

※ 특약의 용어는 다르지만 보장내용은 '비뇨기관암 진단비 특약'과 동일

비뇨기계 기관의 구성과 특징

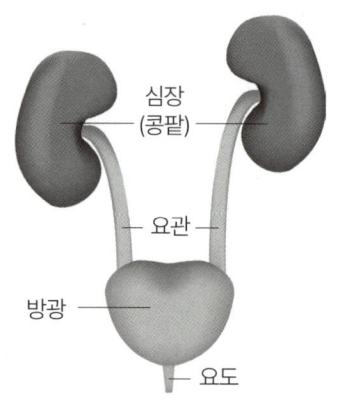

비뇨기 순환
신장(콩팥)에서 소변 생성 → 요관을 통해 방광에 저장 → 요도를 통해 배설

비뇨기 장기
- 신장 : 필요한 물질은 재흡수하고 불필요한 물질은 걸러내어 소변을 만드는 강낭콩 모양의 기관
- 요관 : 신장과 방광을 이어주는 관
- 방광 : 속이 빈 주머니와 같은 근육기관
- 요도 : 방광에 모아진 소변을 배출하는 관

비뇨기관암의 특징과 위험성

비뇨기계 질환의 대표적인 두 암종이 신장암과 방광암이며, 특히 남자에게 많이 발생하는 암이란 특징을 가진다. 신장암은 남자 암 발생 8위에, 방광암은 10위에 해당하는 반면, 여성에게서는 많이 발생하지 않는다. 많이 발생하는 시기는 50대에서 70대 사이이다.

신장암
- 85~90%가 신세포암(신장암), 5~10%가 신우암
- 연간 5,946명 발생 (전체 암발생의 2.4%, 10위)
  60대 > 50대 > 70대 순으로 많음

방광암
- 전체 4,895명, 1.9%
- 70대 > 60대 > 80대 순

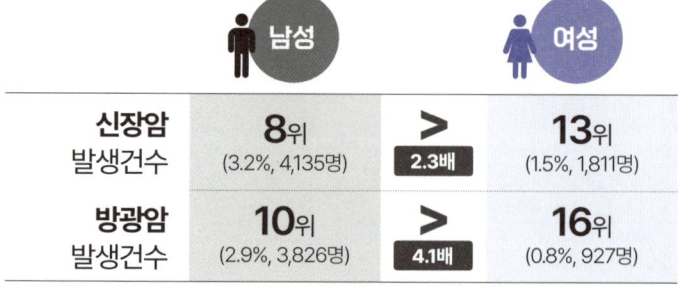

(자료: 중앙암등록본부, 2020)

비뇨기계 암 보장, 남자에게 중요

신장암 및 방광암은 남자에게 특히 많이 발생하므로 남자는 보장을 강화하는 것이 필요하다. 발생률이 높은 만큼 보험료도 남자가 여자에 비해 2.5배 정도 높다. (예 : 40세 여성 월 147원, 남성 월 370원, 1천만원 기준, 20년 갱신)

달인의 화법 | 신장암, 방광암 보장특약은 남자에게 우선적으로 가입을 권유한다.

"신장암과 방광암의 특징을 살펴보면 남자가 여자에 비해 발생확률이 2.3배, 4.1배 높습니다.
기존의 일반암 보장이 충분하다면 별도로 가입할 필요는 없습니다만, 그렇지 않다면 남자분은 가입하시면 좋을 것 같습니다."

상담 포인트

① _ 신장암은 남자가 여자에 비해 2.3배 많이 발생하는 암

신장암은 연간 5,946명이 발생(전체암 발생의 2.4%, 10위 암) 이중 남자가 2.3배 많은 암

② _ 방광암은 남자가 여자에 비해 4.1배나 많이 발생하는 남자의 암

방광암 연간 발생자는 남녀를 합쳐서 4,753건으로 전체 암 발생의 1.9%를 차지

③ _ 비뇨기관암 보장 특약, 신장+방광암 보장 특약의 보장대상 암종은 같다.

대부분 신장암과 방광암을 함께 보장대상으로 함

04

여성·남성 특화암 진단비 특약

성별에 따라 특화된 암은
발생률도 높은 암이다.

- 유방암·여성생식기암 진단비 특약
- 남성(특정)암 진단비 특약

유방암·여성생식기암 진단비 특약
특징과 상담 포인트

✓ 유방암은 여성암 발생률 1위이면서 사망자도 많은 대표적인 여성 특화암이다

약관(요약)

유방암 및 여성생식기암 보장 특약

유방암 및 여성생식기암 진단시 지급(❶+❷)

유방암 진단비 특약

유방암 진단시 지급(❶)

여성생식기관련암 진단비 특약

여성 생식기암 진단시 지급(❷)

❶ 유방암

대상질병	분류코드
유방	C50

❷ 여성생식기관련암

대상질병	분류코드
외음	C51
질	C52
자궁경부	C53
자궁체부	C54
자궁상세불명	C55
난소	C56
기타및상세불명	C57
태반	C58

진단비 보장 특약

> **Point**
> - 유방암을 여성암에 포함하여 보장하는 특약(이때는 여성암보장 또는 유방암 및 여성생식기암 보장으로 표현함)
> - 유방암을 별도로 보장하고 여성생식기 관련암을 여성암(이때는 여성생식기 관련암으로 표현하기도 함)으로 보장하는 특약으로 구분
> - 전이암이 아닌 원발암이어야 보장
> - 90일 면책, 1년 미만 50%지급(갱신형은 감액적용이 없는 경우도 있음, 예 : 비갱신형은 1년 미만 50%, 갱신형은 100% 지급)

여성암 보장을 별도로 해야 하는 이유는?

유방암, 난소암, 자궁암을 대표적인 여성암이라고 한다. 이들 암은 여성에게 많이 발생할 뿐만 아니라 가족력의 영향을 매우 크게 받는 암이다.
안젤리나 졸리가 유방절제술을 받은 이유도 그녀의 어머니, 이모, 외조모가 모두 이들 암으로 사망했기 때문이다.

유방암은 여성암 발생률 1위이고, 자궁체부암 8위, 자궁경부암도 10위일 만큼 많다. 이 세가지 암의 연간 발생자 수는 여성암의 27%를 차지하고 있다. (31,291명)

여성암, 가족력의 영향이 매우 커

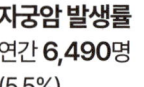
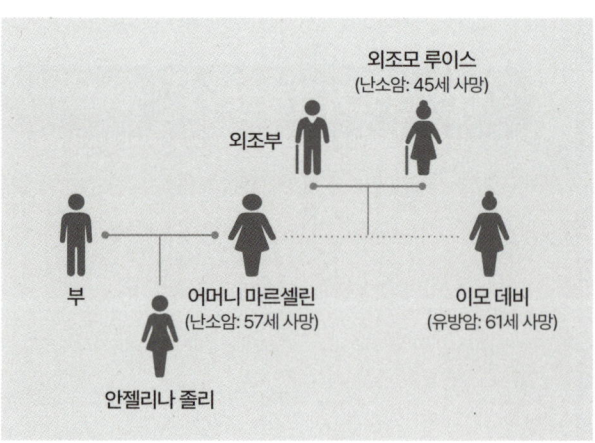

(자료: 2020 국가암정보센터)

유방암 보장이 꼭 필요한 이유는?

유방암은 많이 발생한다는 특징 외에 젊은 나이에 많이 발생한다는 특징을 가지고 있다. 다른 암들은 50대 이후 본격적으로 발생하지만 유방암은 40대가 가장 많으며, 30대와 50대에서도 많다. 또한 지속적으로 환자가 늘어가는 암이다.

흔히 유방암은 위험하지 않다고 생각하기 쉽지만 유방암 사망자 수도 많아 여성암 사망자 5위(연 2,725명 사망)에 해당할 만큼 여성에게 많다.(남성 유방암 사망자는 19명)

유방암의 특징

75~85%가 침윤성 유관암
40대가 발생률 1위(30%)

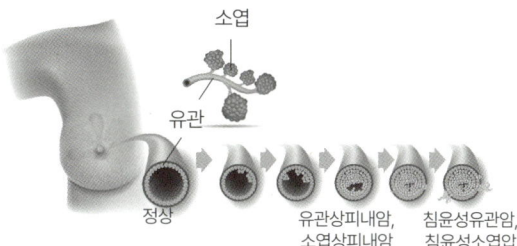

※ 초기유방암의 정의
  침윤암종(침윤성 유관암, 침윤성 소엽암 포함)크기
  2cm + 국소림프절전이 no + 원격전이 no

주요 암 연령군별 발생률: 여자

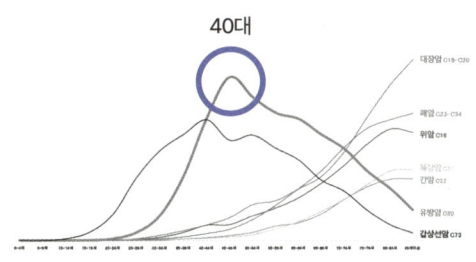

(자료: 2019 국가암정보센터)

유방암 진단비를 지급하는 상품은?

유방암을 보장하는 상품(특약)은 다양하다.
기본적으로 (일반)암 보장 특약에서 유방암도 포함해 보장하며, 이 외에도 다양한 상품(특약)이 있는데, 구체적으로 다음과 같은 유형의 상품이 있다.

유방암 보장 상품(특약)유형

구분	내용
여성암 보장 특약	유방, 여성생식기 진단금, 절제수술, 재건수술비를 보장 대상으로 함
유방암 진단비 특약	유방암(C50)에 대한 진단비를 지급함
유방암 및 여성생식기암 보장특약	유방암(C50)및 여성생식기암(C51~C58까지)에 대한 진단비를 지급함
CI, GI, WI 보험	주계약에서 유방암 및 여성생식기암 대한 진단비를 지급함 [단,(초기) 유방암을 제외하는 상품도 있음]

여성생식기암 보장시 고려할 요소들

여성생식기암 중 가장 많이 발생하는 것은 자궁암이며, 기타 다른 암은 발생빈도가 높지 않다.

자궁암의 발생부위에 따라 자궁경부암과 자궁체부암으로 나뉘는데, 병의 원인이나 증상, 특성, 치료방법이 상당히 다르다. 이 두 암종을 합하면 여성암 발생률 6위에 해당할 만큼 많다.

여성생식기암의 종류와 특징

구분	내용
외음의 악성신생물	연간 199명에게 발생하는 매우 드문 암
질의 악성신생물	매우 드문 암(연간 78명)으로 주로 방사선 치료, 2년내 40% 재발
난소의 악성신생물	여성암 발생의 2.5%(2,947건), 난소암의 90%이상은 상피세포에서 발생하는 상피성난소암
자궁체부의 악성신생물	여성암 발생 8위에 해당(3,492명, 3%), 점차 많아지는 추세 병기에 관계없이 수술 시행
자궁경부의 악성신생물	여성암 발생 10위에 해당(2,998명, 2.5%) 초기암이면 수술로, 암이 진행된 경우 항암, 방사선 치료 시행

달인의 화법 | 유방암 보장은 빠르면 빠를수록 좋고 가족력이 있다면 보장을 더블로

"대부분의 암들이 50대를 넘어서면서 급격히 발생률이 높아지는 반면, 두 개의 암은 30대와 40대에 많이 발생합니다. 혹시 어떤 암인지 추측하실 수 있으실까요?"
바로 갑상선암과 유방암입니다. 갑상선암은 생존율이 거의 100%에 이를 만큼 치명적이지는 않은 암인 반면, 유방암은 그렇지 않습니다. 여성의 암 중 가장 많이 발생하는 암이 유방암일 뿐만 아니라 사망률 또한 5위에 해당할 만큼 사망자도 많습니다.

더욱 우려가 되는 것은 다른 암종에 비해 발생률이 계속 증가하고 있다는 점입니다. 여기에 여성에게만 있는 또 하나의 암이 자궁암인데요, 여성암 발생자의 5.5%에 해당할 만큼 많습니다. 가장 중요한 또 하나의 특징은 가족력의 영향을 많이 받는다는 것입니다.
그래서 저는 형제자매와 직계 가족의 여성암 가족력은 반드시 체크하고 있습니다."

상담 포인트

① 유방암은 여성의 암 발생률 1위인 암으로, 여성에게는 반드시 필요한 보장
유방암은 연간 24,806명의 여성에게서 발병되며, 전체 여성암의 21.1%를 차지

② 유방암은 젊은 나이에 많이 발생하는 암이며, 발생률 또한 지속적으로 증가
최근 12년(2007년~2019년)동안 연평균 4.3%씩 유방암 환자 증가

③ 여성암 보장특약에는 유방암과 함께 여성생식기암이 포함
유방암과 자궁암을 포함하면 여성암의 27%를 차지할 만큼 많다.

④ 유방암, 자궁암, 난소암은 가족력의 영향을 많이 받기에 반드시 가족력 확인
자궁경부암, 자궁체부암을 합하면 여성 암 발생자의 5.5%를 차지할 만큼 많다. 자궁암은 여성암 발생자 수 6위에 해당한다.

진단비 보장 특약

남성특정암(남성생식기암) 진단비 특약 특징과 상담 포인트

✓ 최근 5년간 가장 발생률이 높은 암종이 갑상선암(8.5%↑)과 전립선암(6.7%↑)이다. 특히 남성 생식기 암은 최근 발생률이 높아지는 대표적 암종이다

약관(요약)

남성생식기암 진단비 특약

다음의 암으로 진단확정시(최초 1회한) 특약가입금액을 지급한다.

대상질병	분류코드
음경의 악성신생물	C60
전립선의 악성신생물	C61
고환의 악성신생물	C62
기타 및 상세불명의 남성생식기관의 악성신생물	C63

Point
- ✓ 남성생식기암에서 가장 중요한 것은 전립선암 보장
- ✓ 90일 면책, 감액적용 없음(갱신형)

남성생식기암이란 어떤 암인가?

남성에게만 있는 장기에서 발생하는 암이 남성생식기암이다.
구체적으로 음경, 고환, 전립선암이 이에 해당되는데, 전립선암은 매년 1만 7천여 명에게서 발생할 만큼 많다.(남성암 발생률 3위에 해당)
따라서 남성생식기암 보장의 핵심은 전립선암이 되어야 하고, 가입한 보험에서 전립선암이 보장대상에 포함되는지를 꼭 살펴보아야 한다.
또한 전립선암은 유방암과 함께 가족력의 영향을 많이 받는 암종이다.

전립선암(C61)의 특징

전립선암 발생률
연간 16,815명 (12.9%) 3위

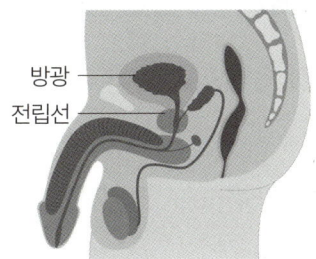

- **위치** : 방광 밑에 밤톨만한 크기의 남성생식기관
- **역할** : 정액의 일부를 만들고 저장
- **크기** : 길이 4cm, 폭 2cm, 깊이 2cm
- **발병나이** : 70대가 43%, 60대 31% 순(50대부터 급격 증가)
- **원인** : 남성호르몬, 유전(가족력), 고지방 섭취(환경 요인)
- **진단** : 전립선특이항원(PSA)검사 등으로 인해 빠른 진단이 가능
- **치료** : 최근 다빈치로봇을 이용할 경우 수술을 통한 합병증 감소, 빠른 회복

(자료: 2020년 국가암정보센터)

음경, 고환암 환자는 얼마나 될까?

음경, 고환암은 발생자가 많지 않은 암이다.
발생자 수는 음경암이 74명, 고환암이 361명, 기타 남성생식기관암이 102명이다.
치료받고 있는 환자 수는 다음과 같다.

음경, 고환암 환자 수

구분	환자 수
음경의 악성신생물(C60)	324명
고환의 악성신생물(C62)	2,394명
기타 및 상세불명의 남성생식기관의 악성 신생물(C63)	297명
전립선의 악성신생물(C61)	**109,921명**

(자료: 2020년 국가암정보센터, 환자 수: 건강보험심사평가원 2021)

달인의 화법 — 전립선암은 생각보다 많이 발생한다.

"남자에게만 있는 전립선은 암 발생 가능성이 매우 높은 장기입니다. 연간 1만 7천여명이 전립선암 진단을 받고 있는데, 치료받는 환자 수는 이보다 훨씬 많은 11만명에 이르고 있습니다.

최근 다빈치 로봇수술의 도입으로 전립선암 수술이 한층 쉬워지고 있는데요, 이에 반해 치료비는 더욱 부담이 되고 있습니다. 이 수술은 비급여 수술이기 때문입니다. 이런 점들을 고려할 때 전립선암에 대한 대비는 당연히 필요합니다."

상담 포인트

① 남성특정암이란 음경, 고환, 전립선 등 남성 생식기관에서 발생하는 암종이다.

② 남성특정암의 대표적인 암이 전립선암이며, 연간 1만 7천여명에서 발생하는 세 번째 많은 암

전립선암은 2020년 16,815명에게서 발생했으며, 남성암 중 12.9% 차지

③ 최근 전립선암은 다빈치 로봇으로 수술을 시행하고 있고, 치료비가 많이 필요한 암이 되고 있음

05

N대 특정암·고액암·4기암 진단비 특약

치료비 부담이 크고
소득상실 위험이 큰 암종을 묶어
보장을 제공하는 특약

- N대 특정암 진단비 특약
- 4기암 또는 고액암 진단비 특약

보험의 가치는 재난적 상황에 대비하는 것

암은 종류에 따라, 그리고 암의 심화 정도에 따라 필요한 치료비가 달라진다. 치료비가 높은 암과 자주 발생하지는 않지만 매우 위험한 암만 모아서 보장을 높일 수 있다면 모든 암을 보장하는 특약에 비해 보험료 부담을 낮출 수 있다.

고액암, 4기암 보장 특약은 이런 목적으로 만들어진 상품이다.

암환자 1인당 비용 부담액

(단위: 만원)

암종류	직접비용	간접비용	계
백혈병	2,167	4,533	6,700
췌장암	1,063	5,307	6,371
뇌 및 중추신경계암	971	4,323	5,294
폐암	1,040	3,617	4,657

(자료: 2009년 국립암센터)

※직접비용 : 직접의료비 + 직접비의료비
  간접비용 : 이환손실액(소득상실) + 사망손실액 + 보호자시간비용

병기에 따른 비용 부담

키트루다(비소세포암 면역항암제)

4기 비소세포암 환자에게 2차 치료제로 투여하는 면역항암제로, 1차에서는 세포독성항암제를 써야만 급여 대상이었다. 키트루다 면역항암제는 1차에서 투여하면 2배 이상 효과가 있음에도 1차에서 사용하면 급여 대상에서 제외되어 환자의 경제적 부담이 매우 높았다. (다행히 2022년 1차도 급여 인정)

대체로 병기가 심화할수록 치료 비용은 급상승하게 되며, 급여에서 제외되는 치료를 받을 확률도 더욱 높아지고 있다.

※ 비소세포함: 폐암에서 발생한 악성 종양

중증환자 산정특례제도가 있다는데?

일반적으로 건강보험 적용대상 치료비 중 본인부담률은 30%정도이다.

치료비가 적은 질병은 큰 문제가 없지만 수 천만원의 치료비가 발생하는 질병은 30%도 매우 큰 부담이 된다. 이 때, 중증환자 산정특례 적용 대상이 되면 부담률

을 5년 동안 0~10%로 낮게 부담하는 제도가 산정특례제도이다.

암 진단을 받으면 대부분의 병원에서 산정특례 신청을 도와주지만 놓칠 수 있기 때문에 환자가 확인할 필요가 있다.

산정특례 적용범위	외래 또는 입원진료시 건강보험이 적용되는 급여 항목 (제외 : 비급여 및 전액본인 부담)
암(5%만 부담)	최대 5년간 산정특례 적용, 종료시점에 재발암, 전이암이 있는 경우 종료 1개월 전에 재신청 가능
대상질병	중증질환(암), 희귀질환, 중증난치질환, 중증치매가 대상 (4대 중증 질환)

M/E/M/O

N대 특정암 진단비 특약
특징과 상담 포인트

✓ '고액암' 또는 '고액 치료비암', '11대 특정암', '뼈, 뇌 및 백혈병 관련암' 보장특약은 보장대상이 유사하지만 범위가 조금씩 다르다

약관(요약)

○○손해보험 11대 특정암 진단비

대상질병(암)	분류
1. 식도	C15
2. 췌장	C25
3. 간, 담낭, 담도(주3)	C22~C24
4. 기관	C33
5. 기관지 및 폐	C34
6. 골 및 관절연골	C40~C41
7. 수막/뇌/척수	C70~C72
8. 림프종/백혈병(주1)	C90~C96, D47.1, D47.5
9. 소장(주4)	C81~C88, C17

○○생명보험 9대 특정암

대상질병(암)	분류
1. 식도	C15
2. 췌장	C25
3. 간, 담낭, 담도	C22~C24
4. 기관	C33
5. 기관지 및 폐	C34
6. 골 및 관절연골	C40~C41
7. 수막/뇌/척수	C70~C72
8. 백혈병(주1)	C91~C96, D47.1, D47.5
9. 후두(주2)	C32

① 거의 동일

주1) 9대 특정암에서는 다발골수종 및 악성 형질세포암 (C90)과 림프종(C81~C88)관련암이 제외되는 반면, 11대 특정암에서는 C90과 림프종이 포함된다.
주2) 후두암은 9대 특정암에만 있음
주3) 11대 특정암에서는 간, 담낭, 담도를 각각 하나의 암으로 구분(9대특정암에서는 이 세개를 하나의 암으로 분류)
주4) 소장암은 11대 특정암에만 있음

○○손해보험 고액 치료비암 진단비 특약

② 11대 특정암 중 3.간,담낭,담도암 및 4.기관, 5.기관지 및 폐, 9.소장암을 제외한 암을 보장대상으로 함

○○생명보험 뼈, 뇌 및 백혈병 관련암 진단비 특약

③ 9대 특정암 중 6. 골 및 관절연골, 7. 수막/뇌/척수, 8. 백혈병을 보장대상으로 함

M/E/M/O

"특정"이란 용어가 들어가는 특약은 이해가 힘들다

"특정"이란 용어가 들어간 특약은 약관을 확인하지 않는 이상 이해가 어려운 이유는 보험회사마다 "특정암"의 정의가 다르기 때문이다. 어떤 회사는 대장점막내암, 유방암, 전립선암을 특정암으로 정의하는가 하면, 어떤 회사는 소화기, 간, 뇌암을 특정암으로 정의하기도 한다.

특정암 진단비 특약의 활용 포인트는 나이, 성별, 가족력, 건강상태를 고려해 특약의 필요 여부를 판단하는 것이다.

N대 특정암의 범위

'N대 특정암'이란 용어를 사용하는 보장은 대체로 유사하지만 보험회사별로 약간의 차이가 있을 수 있다.

예를 들어 '○○손해보험회사의 11대 특정암'과 '○○생명보험회사의 9대 특정암'을 비교해 보면 90%이상 같은 내용을 보장하지만 전자에는 소장암을, 후자에는 후두암을 보장하고 있어 일부 암종에 차이가 있다

약관요약 ①의 범위 참조

고액치료비암 보장과 고액암 보장도 있는데 차이는?

약간의 차이를 제외하고는 거의 유사하다고 할 수 있다.
○○손해보험회사의 고액치료비암 보장의 경우 ❷를 보장대상으로 정하고 있는 반면, ○○생명보험회사의 고액암의 경우 11대 특정암과 거의 유사하지만 일부 차이가 있다. 구체적인 차이는 다음과 같다.

고액치료비암/고액암

고액치료비암	약관요약 ②에 해당하는 암
5대 고액치료비암	5대 고액치료비암 진단비의 보장대상도 ②에 해당하는 암
고액암	약관요약 ②에 간암(C22), 담낭 및 담도암(C23~C24), 기관지 및 폐암(C33~C34), 흉선암등(C37, C39), 중피종(C45), 카포시육종(C46), 복막암(C48)을 포함

뼈, 뇌 및 백혈병 관련 암의 보장대상은 무엇인가요?

고액암 중 골 및 관절연골, 뇌 및 중추신경계통, 백혈병을 보장대상으로 하고 있다.

> 약관요약 ①의 범위 참조

백혈병 보장의 중요성

백혈병이란 비정상적인 혈액세포, 특히 백혈구가 과도하게 증식하여 정상적인 백혈구와 적혈구, 혈소판의 생성이 억제되는 혈액암을 의미한다.

증상은 두통, 피로감, 빈혈, 출혈 등이 나타나며, 백혈병의 종류에 따라 치료 방법이 다르다. 최근에는 표적항암제 및 면역항암제를 활용하는 치료가 늘어나고 있으며 치료비가 많이 드는 대표적인 질병이다.

백혈병의 종류

- 악화 속도에 따라 급성, 만성으로 분류, 세포 기원에 따라 골수성, 림프구성으로 분류

골수성 백혈병 C92~C94	연간 2,481건 발생(전체암의 1%), 남자가 1.3배 ↑ (전 연령대에서 고르게 발생)
급성 골수성 백혈병	항암화학요법으로 60~80%가 완치(방사선치료 및 조혈모 이식치료도 시행)
만성 골수성 백혈병	환자의 90%이상에서 특징적 유전자이상(필라델피아 염색체 출현)으로 혈액세포 증식

림프구성 백혈병 C91	연간 875명 발생(전체암의 0.3%) 남자가 1.2배 ↑ (10대 이하, 50대 이상에 많이 발생)
급성 림프구성 백혈병	림프구계 백혈구가 악성 세포로 변하여 골수에서 증식하고 말초 혈액으로 퍼지는 질환
만성 림프구성 백혈병	혈액속에 성숙한 림프구가 현저하게 증가. 가족력 있으면 발생확률 3배 이상

(자료: 2019년 국가암정보센터, 보건복지부)

달인의 화법   발생률은 낮지만 고액의 치료비가 필요한 암종만 엄선한 특약이다.

"특정암 진단특약은 고액의 치료비가 필요한 암들을 모아 보장을 제공하기 위해 만들어졌습니다. 환자 수가 적기 때문에 보험료가 낮습니다.

보험이란 재난적 위험에 대비하기 위함이 아니겠습니까?
저렴한 보험료로 고액의 보상을 만들 수 있기에 가입하지 않을 이유가 없겠지요. 백혈병, 뇌암, 골, 관절연골과 관련된 암은 젊어서도 많이 발생하는 암이기에 더욱 보장이 필요합니다."

상담 포인트

① _ N대 특정암이란 치료비용이 많이 들고 사망 위험이 높은 암을 모아 보장 제공

② _ 고액암이란 용어를 쓰기도 하고 11대 특정암, 9대 특정암과 같은 용어를 사용하기도 한다.
   약관의 내용을 살펴보아야 보장대상 암을 알 수 있음

③ _ 기본적으로 백혈병, 골, 뇌와 관련된 암은 공통적으로 보장대상이 된다.

④ _ 발생가능성이 상대적으로 낮아 보험료가 저렴해 가입에 부담이 없다.
   저렴한 비용으로 치명적인 암에 대한 보장을 받을 수 있다는 것이 장점

4기암·고액암 진단비 특약
특징과 상담 포인트

✓ 고액암은 11대 특정암과 유사하며, 4기암은 암의 병기에 따라 보장한다

약관(요약)

<지급사유>

피보험자가 보험기간 중 암보장개시일 이후에 '4기암 또는 고액암'으로 진단이 확정되었을 경우(단, 최초 1회한) 특약가입금액을 지급한다.

○○생명보험 고액암		비교	○○손해보험 11대 특정암	
대상질병(암)	분류		대상질병(암)	분류
1. 식도	C15		1. 식도	C15
2. 췌장	C25		2. 췌장	C25
3. 간, 담낭, 담도	C22~C24		3. 간, 담낭, 담도	C22~C24
4. 기관	C33		4. 기관	C33
5. 기관지 및 폐	C34		5. 기관지 및 폐	C34
6. 골 및 관절연골	C40~C41		6. 골 및 관절연골	C40~C41
7. 수막/뇌/척수	C70~C72		7. 수막/뇌/척수	C70~C72
8. 림프종/백혈병	C90~C96 D47.1, D47.5 C81~C88		8. 림프종/백혈병	C90~C96 D47.1, D47.5 C81~C88
9. 흉선/흉막	C37, C39		9. 소장	C17
10. 중피종	C45			
11. 카포시육종	C46			
12. 후복막 및 복막	C48			

<4기암의 정의>

'4기암'은 '고액암' 이외의 '암' 중 AJCC 암병기 설정매뉴얼 제8판 TNM 병기분류상 'Stage 4'에 해당하는 경우를 말합니다.

※ 유방암, 갑상선암등 대부분의 암종을 대상으로 4기암 진단시 보험금 지급

4기암은 어떻게 판단하는가?

질병의 병기는 종양이 얼마나 퍼져있는지, 림프절 전이가 얼마나 되었는지, 원격 전이는 어떻게 되었는지를 종합하여 판단한다. 이를 TNM병기라고 하며, T는 종양, N은 림프절 침범여부, M은 원격 전이를 의미한다.

4기암의 판단에서 가장 중요한 것은 원격전이 여부이다. 원격 전이가 있다면 종양의 크기나 림프절 침범 여부와 상관없기 4기암으로 판정한다.

TNM병기

T	T는 원발 종양의 크기 및 퍼진 정도를 나타내는 항목 T의 정의에서는 크기 요소와 연접 확대의 역할은 각 부위에 특이적으로 정의된다.
N	림프절의 침범 여부 및 종류, 범위 정도를 나타내는 항목 N0는 림프절 침범 없는 상태, N1~N3는 얼마나 림프절 침범이 되었는지로 판단 (전이된 림프절의 개수가 N1 : 1 ~ 3개 / N2 : 4 ~ 9개 / N3 : 10개 이상)
M	원격 전이 여부를 나타내는 항목 M0는 전이가 없는 상태, M1은 전이가 있는 상태

T1~T4기준

T1	암이 점막이나 점막하층까지 가 있거나 암의 크기가 아주 작은 상태
T2	점막하층 침범
T3	근육층이나 장막까지 침범
T4	인접한 장기 침범

(4기암 = Stage 4)기준

Any T / Any N / M1 = Stage 4

고액암 보장대상 암의 범위

'4기암 또는 고액암 보장특약'에서 고액암은 손해보험회사의 11대 고액암과 보장대상 암종이 거의 유사하다.(생명보험회사의 9대 특정암과도 유사)

이들 암에 대해서는 질병의 병기와 관계없이(1기라도) 보장을 제공한다.

1. 약관에서 정한 암종(주로 뼈, 뇌, 백혈병 등)을 보장
2. 고액암으로 분류된 암은 질병 병기와 관계없이 진단금 지급
3. N대 특정암 진단비 특약의 보장대상 암과 대부분 유사

4기암 보장대상 암의 범위

'4기암 또는 고액암 보장특약'에서 4기암은 고액암으로 분류된 암 이외의 대부분의 암을 보장대상으로 한다. 단, 이들 암 진단을 받고 4기암으로 판정되어야 지급한다는 점을 기억할 필요가 있다.

1. 약관에서 정한 고액암 이외의 대부분의 암을 보장
   갑상선암, 유방암 등도 보장대상이다.
2. 4기로 판정 되었을 진단금 지급
   4기암 판정에서 가장 중요한 요건은 원격전이 여부이다.
3. 암의 특징이 재발과 전이이므로 전이에 대비해야
   4기암 판정이 사망할 만큼 심각하다는 의미는 아니며 전이 여부가 판단의 핵심이다.

More Info

단계별 암 진단비 특약도 있다는데? 뭘까?

단계별 암 진단비 특약이란 특정암과 4기암(특정암을 제외한 암 대상), 1~3기암(특정암을 제외한 암 대상)으로 나눈 후 각각 진단비를 차등 지급하는 특약이다.

단계별 암 진단비 특약의 예

구분	지급금액
특정암	보험가입금액의 200%
4기암(특정암 제외)	보험가입금액의 200%
1~3기암(특정암 제외)	보험가입금액의 100%

→ 1~3기암 진단 확정 이후 특정암 또는 4기암 진단확정시 100% 추가지급

보장대상암

1. 단계별 암 진단비 특약의 특정암은 생명보험특약의 고액암과 유사
약관에 따라 일부 차이가 있을 수 있으나 보장대상 암은 거의 같다.

2. 4기의 기준 또한 4기암 보장 특약과 같다.
특정암을 제외한 암에 적용된다는 점도 같다.

3. 1~3기암의 기준은 특정암 및 4기암에 해당하지 않는 모든 암이다.
특정암 및 특정암 제외 암 중 4기가 아닌 암이 대상이다.

M/E/M/O

달인의 화법 **저렴한 비용으로 고액의 치료비를 준비하라**

"4기암 또는 고액암 진단비를 지급하는 특약에 대해 많은 분들이 이들 암에는 거의 걸리지 않을 것이고, 걸려도 받지 못할 수 있다고 생각하는데요, 이는 정확하게 특약을 이해하지 못해서 발생하는 오해입니다.

고액암으로 분류되는 백혈병, 뇌암, 뼈암 등은 대표적으로 치료비가 큰 암종인데, 이들 암은 4기가 아니어도 진단금을 지급합니다. 4기암으로 판정되어야 지급하는 암은 고액암을 제외한 대부분의 암이 보장대상인데요, 갑상선암, 유방암도 보장대상이 됩니다.

다만 이들 암이 4기로 판정되야 지급하는데, 암의 특징이 재발과 전이 아니겠습니까? 전이가 되면 치료비가 크게 높아지기 때문에 이에 대한 대비를 할 필요가 있습니다.

이 특약의 중요한 특징은 보험료가 상당히 저렴하다는 점입니다. 부담없이 준비할 수 있으므로 꼭 활용하셨으면 합니다."

상담 포인트

❶ 고액암이란 치료비용이 많이 드는 암종을 분류해 보장을 제공하는 보험약관 상의 용어이다.

❷ 고액암의 보장대상 암과 11대 특정암의 보장대상 암은 거의 유사하다.

❸ 4기암이란 질병 병기 기준 4기에 해당하는 암이며, 원격전이가 되면 4기로 판정된다.

원격전이 여부가 가장 중요한 판단 기준이다.

❹ 4기암의 보장대상 암은 고액암을 제외한 대부분의 암이다.

대부분의 암이 보장대상이 되며, 진단금 지급기준은 4기라는 의미이다.

진단비 보장 특약

M / E / M / O

06
양성종양 진단비 특약

양성종양은
누구나 가지고 있다.

- 위·십이지장·대장 양성신생물 진단비 특약
- 양성뇌종양 · N대 질병 양성종양 진단비 특약

양성종양의 이해

"종양"이란 체내의 세포가 과잉으로 발육한 것을 의미하는 포괄적인 개념이다. 점도 종양의 일종으로 종양은 몸 어디서나 자라며, 누구에게나 흔히 생긴다. 이들 종양 중 어떤 것은 암으로 발전하기도 하고, 암과 상관없기도 하다.

종양은 양성종양과 악성종양으로 구분되며, 그 특징과 종류는 다음과 같다.

종양 tumor: 체내 세포가 과잉으로 발육한 것

- **악성종양**
  - 자라는 속도가 매우 빠름
  - 혈관이나 림프관을 통해 다른 조직으로 전이되는 특징

- **양성종양**
  - 지방이나 신경세포 등이 과도하게 증식해 덩어리가 된 것
  - 커지는 속도가 느리고 일정한 크기 이상 자라지 않으며, 전이되지 않는 특징

※ 결절 : 피부나 점막 조직이 주위와 뚜렷하게 구별될 정도로 융기한 것으로, 종양을 포함하는 포괄적 개념(손등, 손목, 골반, 피부, 갑상선, 성대 등에 발생)

양성종양의 발생 위치에 따른 구분
- 점막조직에서 발생 - 용종(폴립)
- 선상피에서 발생 - 선종
- 근육에서 발생 - 근종

양성종양의 구성 및 발생 부위에 따른 구분

- **낭종**: 내부에 물이 차 있는 주머니 형태의 양성종양(난소, 자궁에 많음). 피부낭종(=사마귀)도 피부의 양성종양
- **지방종**: 지방으로 된 혹(주로 지방 조직이 있는 피하조직에 많음)
- **용종=폴립**: 입에서 항문까지의 소화기관 등 둥글거나 긴 주머니기관 내에 생긴 결절로, 점막의 표면에 솟은 혹(위, 장, 자궁, 방광등에 발생)
  - **종양성**: 종양성에 해당하는 선종은 대장암으로 발전할 가능성이 높음
  - **비종양성**: 지방종, 염증성 용종 등 암으로 발전할 가능성 없음
- **선종**: 위, 장관, 젖샘, 침샘 등 선세포에 주로 나타나는 양성종양(절제하면 완전 치료)

위·십이지장·대장 양성신생물 진단비 특약
특징과 상담 포인트

약관(요약)

〈지급사유〉
피보험자가 보험기간 중 다음의 양성신생물의 진단을 받을 경우 특약가입금액을 지급한다. (갱신형), (비갱신형은 1년 미만 50% 지급)

○○손해보험
위·십이지장 또는 대장의 양성신생물(폴립 포함) 진단특약

대상질병	분류코드
1. 위.십이지장의 양성신생물	
- 위의 양성신생물	D13.1
- 십이지장의 양성신생물	D13.2
- 위 및 십이지장의 폴립	K31.7
2. 대장의 양성신생물	D12.0~D12.8
	K62.1, K63.5

위·십이지장의 양성신생물, 환자 수가 많은 질병

위, 십이지장의 양성신생물은 질병분류상 "기타 및 부위불명의 소화계통의 양성신생물(질병분류코드 D13)"에 속하는 질병이다.

이 질병의 환자 수가 계속 증가하면서 최근에는 연간 18만명이 치료를 받고 있다.

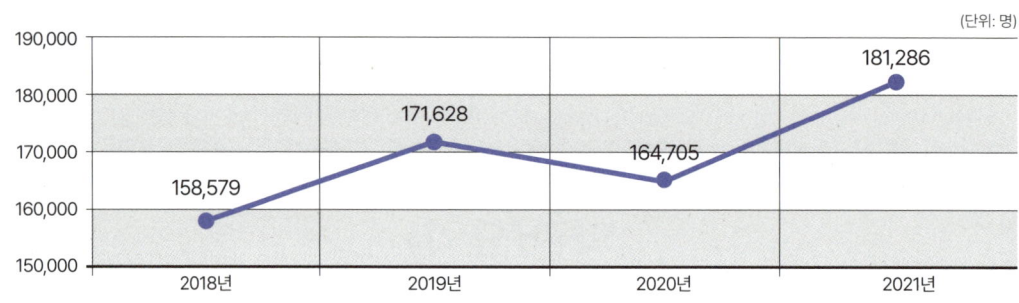

기타 및 부위불명의 소화계통의 양성신생물(D13) 연도별 환자 수 추이

(단위: 명)

(자료: 2021년 건강보험심사평가원)

결장, 직장, 항문 및 항문관의 양성신생물은 환자 수가 매우 많은 질병

대장의 양성신생물은 "결장, 직장, 항문 및 항문관의 양성신생물(질병분류코드 D12)"에 속하는 질병이다. 이 질병의 환자 수는 46만명에 달하고 계속 증가하는 추세에 있다.

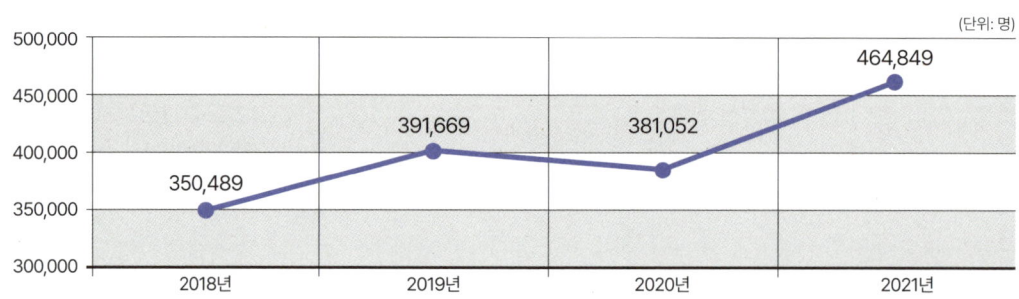

결장, 직장, 항문 및 항문관의 양성신생물(D12) 연도별 환자 수 추이

(단위: 명)

(자료: 2021년 건강보험심사평가원)

대장폴립 보장

연구에 의하면 대장용종은 우리나라 성인의 30% 정도에서 발견된다고 한다. 대장용종은 암으로 발전할 가능성이 거의 없는 '비종양성용종'과 암으로 발전할 가능성이 높은 용종인 '종양성 용종'으로 나누어지는데, 선종의 경우 대장암의 70%가 선종에서 진행될 만큼 주의가 필요한 종양이다.

대장용종은 제거해도 재발률이 30~60%에 달하므로 매년 추적 관리가 필요한 질병이다. 대장용종이 발생하는 원인은 고령(50세 이상), 음주, 흡연, 비만, 운동부족, 육류섭취 등의 생활습관을 가진 경우이다.

또한 대장용종의 경우 대장암의 가족력이 있는 사람은 40세 이후 특별한 증상이 없어도 정기적으로 대장 내시경 검사를 받아야 한다.

대장폴립 중 직장폴립의 환자 수는 1만 2천명, 결장의 폴립환자 수는 110만명이나 된다.

직장 및 결장의 환자 수

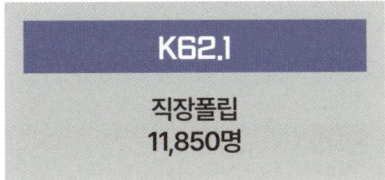
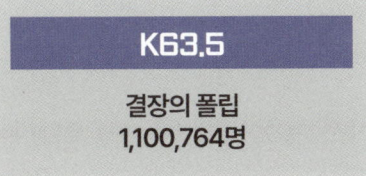

(자료: 2021년 건강보험심사평가원)

대장용종

1. 발생원인
   고령(50세 이상), 음주, 흡연, 비만, 운동부족, 육류섭취, 가족력
2. 성인의 30%에서 발견될 정도로 흔한 질병
3. 대장암의 70%가 선종으로부터 시작

진단비 보장 특약

달인의 화법　**대장용종과 같은 양성종양은 앞으로 계속 늘어날 것**

"건강검진을 하면 대장 내시경 검사를 하는 경우가 많습니다.
대장내시경 검사를 하면 대부분 용종이 있다고 하면서 용종을 제거하는데요, 그 만큼 대장용종은 흔히 발생하는 질환입니다. 대장용종의 환자 수가 또한 계속 증가하고 있다고 합니다.
대장용종은 제거하고 나서도 수년 내에 다시 용종이 생길 확률이 높기 때문에 제거할 때 마다 돈이 들게 됩니다.
빨리 제거하면 큰 문제가 없는데 돈 때문에 하지 않는다면 병을 키워 암으로 진행될 가능성이 높습니다.
그래서 저는 대장용종에 대한 진단금과 수술비 보장을 반드시 준비하시라고 말씀드립니다."

상담 포인트

❶ _ 소화기계 장기에는 대부분 용종이 발생할 가능성이 높다.

위, 십이지장, 결장, 직장, 대장은 점막으로 이루어져 있으며, 이곳에 종양이 생기는 것을 용종(폴립)이라고 한다.

❷ _ 소화기계 양성종양인 용종은 계속 환자 수가 늘어나고 있다.

이는 생활습관이 큰 영향을 미친다는 의미이다.

❸ _ 가족력의 영향을 크게 받는 질환이다.

대장암의 가족력이 있다면 대장용종에 대한 관리를 잘 해야 한다.

❹ _ 수술비와 진단비를 잘 준비한다면 낸 보험료 이상의 혜택을 볼 가능성이 높다.

생활습관의 변화, 진단 기술의 발전으로 용종 진단은 더욱 증가할 것이다.

양성뇌종양 · N대 질병 양성종양 진단비 특약
특징과 상담 포인트

✓ 양성종양 중 매우 위험하면서 보장이 필요한 질환은 양성뇌종양이다

약관(요약)

○○생명보험 2대 질병 양성종양 진단비 특약

보험기간 중 피보험자가 '2대 질병 양성종양'으로 진단이 확정되었을 경우(최초 1회한) 특약가입금액을 지급한다. 1년 미만시 50% 지급(1회한)

대상질병	분류코드
1. 뇌 양성종양(수막, 뇌 및 중추, 뇌하수체, 두개인두관, 송과선)	D32~33/D35.2~D35.4
2. 심장 양성종양	D15.1

○○손해보험 양성뇌종양 진단비 특약

"양성뇌종양"은 신경외과적 절제가 반드시 필요한 것으로 판단되거나, 수술을 할 수 없는 경우에는 영구적인 신경학적 결함의 원인이(수술로 인해) 될 수 있는 경우를 말하며, 낭종, 육아종, 혈종, 뇌농양(고름집), 뇌의 정맥기형 또는 동맥기형은 양성뇌종양으로 보지 않습니다. (1회한)

양성뇌종양 대상질병	분류코드
뇌 양성종양(수막, 뇌 및 중추, 뇌하수체, 두개인두관, 송과선)	D32~33/D35.2~D35.4

| Point | ✓ 2대 질병 양성종양 진단비의 뇌 양성종양과 보장대상 질병이 동일.
비갱신형은 1년 미만 50% 지급, 갱신형은 기간 감액없음 |

양성뇌종양의 특징 및 종류, 환자 수는?

양성뇌종양은 "양성종양"임에도 매우 위험한 질환이다. 다른 종양처럼 밖으로 커지지 않고 뇌 속에서 커지기 때문에 뇌를 압박함으로써 다양한 위험을 만들어낸다. 뇌종양은 두개골 내에 발생하는 종양으로 종류와 특징, 환자 수는 다음과 같다.

뇌종양 Brain Tumor: 두개골 내(두개강)에 발생하는 모든 종양

- **악성뇌종양**: 현미경으로 관찰하여 세포모양을 기준으로 판단했을 때 성장속도가 빠르고 침윤, 전이 발생
- **양성뇌종양**: 성장속도가 느리고 침윤되지 않으며, 발생부위에 국한

※ 수술을 통한 제거가 일반적이며, 종양이 작을 경우 방사선 치료(감마나이프, 정위적 방사선 수술)시행

양성뇌종양 진단비 특약의 보장대상 질환

- 수막의 양성신생물 (D32) : 뇌의 수막(얇은 조직)에 발생하는 종양
  - 발작, 시력감소, 두통, 안면근육장애, 환자 수 36,361명
- 뇌 및 중추신경계통의 양성신생물 (D33) : 뇌신경, 척수, 기타 중추신경 계통의 종양
  - 감각, 운동, 생체기능에 문제 발생 환자 수 22,965명
- 뇌하수체의 양성신생물 (D35.2) : 뇌 중앙의 완두콩 정도의 내분비 기관에 종양
  - 시력저하가 가장 흔한 증상, 환자 수 33,503명
- 두개인두관의 양성신생물 (D35.3) : 선천성종양으로 15세 이전에 주로 발생
  - 아주 드물게 나타남, 환자 수 62명
- 송과선의 양성신생물 (D35.4) : 솔방울 모양의 내분비기관 (수면을 조절하는 멜라토닌 호르몬 분비)에 종양
  - 아주 드물게 나타남, 환자 수 938명

(자료:국민건강보험공단 2021)

양성뇌종양 치료는?

양성뇌종양의 진단은 CT촬영, MRI를 활용한다. 더 정밀한 검사가 필요할 때는 뇌파검사 및 방사선 동위원소 검사도 사용할 수 있다.

뇌종양의 치료는 수술적 제거가 기본이며, 작은 양성 뇌종양은 감마나이프 수술 등을 활용해 치료한다.

심장 양성신생물이란?

심장 종양의 70~80%는 양성종양인데, 빠른 호흡, 구토, 기침, 부정맥, 빈맥 등의 증상으로 나타난다. 환자 수는 1,161명으로 매우 희귀한 질환이며 발견되면 수술로 치료한다.

달인의 화법 — **뇌종양은 환자 수가 많고 치료비가 많이 들며, 위험한 질병이다**

"뇌종양이란 질병을 들어보지 못하신 분은 없는 것 같습니다. 그 만큼 많이 안다는 것은 환자 수도 많다는 의미일 것입니다. 실제 환자 수를 살펴보니 거의 10만명에 가까울 정도로 많아 저도 놀랐습니다.

양성종양은 흔히 위험하지 않다고 하는데요, 뇌종양은 그렇지 않습니다. 바로 뇌에서 발생하기 때문입니다. 발생하면 대부분 수술로 제거해야 하는데, 수술이 어려운 경우도 많습니다.

최근 작은 뇌종양은 감마나이프와 같은 방사선 수술을 통해 치료하고 있는데요, 문제는 고액의 치료비입니다. 당연히 대비하실 필요가 있습니다."

상담 포인트

❶ _ 양성뇌종양 환자 수는 거의 10만명에 이를 만큼 많다.

❷ _ 다른 기관의 양성종양과 달리 뇌종양은 매우 위험한 종양이다.

　뇌종양은 밖으로 커질 수 없고 뇌의 내부에서 자라기 때문에 더욱 위험하다.

❸ _ 수술이나 정위적 방사선 수술로 치료하나 부위에 따라 치료가 어려울 수 있다.

　뇌수술은 다른 종양 수술에 비해 비용이 많이 든다.

❹ _ 최근 뇌종양 환자 수가 계속 증가하고 있는 추세이다.

M / E / M / O

07

재진단(계속받는)암 및 2차암 진단비 특약

재발과 전이는 암이라는 질병의
가장 큰 특징이다.

- 재진단암·2차암 진단비 특약
- 계속받는 3대 질병 진단비 특약

진단비 보장 특약

재진단암 · 2차암 진단비 특약
특징과 상담 포인트

 재진단암의 4가지 유형, 원·전·재·잔을 기억하라

약관(요약)

○○생명보험 재진단암 특약

보장개시일 이후 최초로 진단이 확정되고[1차암(첫 번째 암) – 기타피부암, 대장점막내암, 갑상선암 제외] 재진단암 보장개시일 이후 진단이 확정된 암(기타피부암, 대장점막내암, 갑상선암, 전립선암 제외)에 대해 지급한다.

보장대상 암의 종류

첫 번째 암	재진단암
기타피부암, 대장점막내암, 갑상선암을 제외한 암	기타피부암, 대장점막내암, 갑상선암, 전립선암을 제외한 암

M / E / M / O
_____
_____
_____
_____

○○손해보험 계속받는 암진단비(유사암, 대장점막내암 및 전립선암 제외)(갱신형 / 비갱신형) 특약

보장대상 암의 종류

첫 번째 암	재진단암
유사암(경계성종양, 제자리암, 기타피부암, 갑상선암) 및 대장점막내암을 제외한 암	유사암 및 대장점막내암 및 전립선암을 제외한 암

Point ✓ 생명보험회사의 재진단암 특약과 손해보험회사의 계속받는 암진단비 특약은 암의 정의 및 보장개시일 등이 대부분 동일

○○손해보험 2차암 특약

보장개시일 이후 최초로 진단이 확정되고[1차암(첫 번째 암) - 기타피부암, 갑상선암 제외] 확정일로부터 1년 지난 후 발생 시(1차암과 다른 기간에 발생한 원발암, 1차암과 다른 기관에 발생한 전이암) 보장(최초 1회한)

Point ✓ 1차암과 다른기관에서 발생한 원발암과 전이암만 보장대상

M/E/M/O

재진단암이란 어떤 암을 의미하는가?

보험약관에서 정한 재진단암은 크게 네 가지 유형으로 나눌 수 있다.

원 — **새로운 원발암**
원발 주위에 발생했지만 첫 번째 암 또는 재진단암과 **다른 조직병리학적 특성을** 가진 암

전 — **전이암**
원발부위 암세포가 **새로운 장소**로 퍼져 암을 일으킨 경우

재 — **재발암**
첫 번째 암 또는 재진단암 세포를 제거한 후 **동일한 조직병리학적 특성**을 가진 암이 새롭게 출현되어 치료가 필요한 암

잔 — **잔여암**
암 진단부위에 **암세포가 남아있는 경우**

재진단암 보험금은 언제 받을 수 있는가? (보장개시일)

계약일로부터 90일 이후에 첫 번째 암 진단이 확정되어야 하며, 첫 번째 암 진단 확정일로부터 2년이 경과한 날의 다음날 이후 재진단 암이 확정되면 보험금을 지급한다.

재진단암 보장개시일

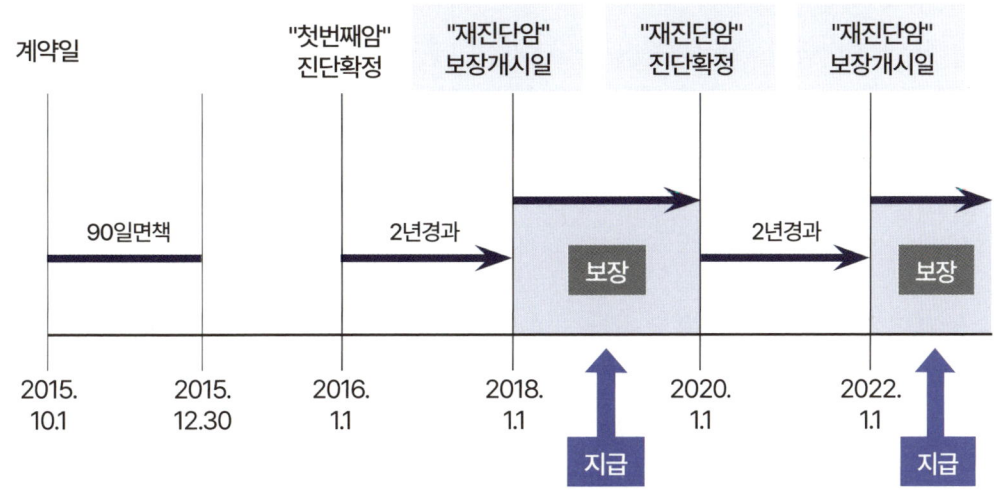

2차암 보장 특약과 재진단암(계속받는 암)보장 특약의 차이는?

2차암과 재진단암은 약관상 보장대상 암과 보장개시일 그리고 보장 횟수에 있어 상당한 차이가 있다.

재진단암(계속받는 암) 특약과 2차암 특약의 차이

	재진단암(계속받는 암)	2차암
보장대상	원발암, 전이암, 재발암, 잔여암	원발암, 전이암
지급횟수	계속 지급	1회한 지급
면책기간	2년	1년
보험료	2차암 보다 높다	재진단암 보다 낮다

진단비 보장 특약

달인의 화법 **가족력이 있는 경우 반드시 재진단암 보장을 선택하도록 한다.**

"암 보장의 핵심이 당연히 1차암에 대한 보장인 것은 분명합니다.
그런데, 암 진단금을 받은 분들을 만나보면 진단금을 대출 상환하거나 생활비로 쓰십니다. 재발이나 전이에 대비해 저축하고 계신 분은 거의 본 적이 없습니다.
보험금 지급은 받았고 새로 가입할 수는 없는 상황에서 암이 재발하거나 전이되면 보장이 전혀 없는 상황이 될 수 밖에 없습니다.

특히 암의 가족력이 있는 분들은 더욱 이런 위험이 크죠.
재진단암 보장의 특징은 2년의 면책기간이 있기는 하지만 계속 받을 수 있다는 것입니다. 그래서 보험료가 다소 높긴해도 가족력이 있는 분이라면 반드시 가입을 해 두는 것이 좋습니다."

상담 포인트

① _ 계약 후 90일 이후 1차암 진단을 받아야 하며, 1차암 진단 후 2년이 지난 후 재진단암 보장을 받는다.

재진단암 보험금을 받는 시점을 명확히 인지해야 한다.

② _ 2차암 보장 특약은 원발암, 전이암을 보장하고, 재진단암 보장특약은 재발암, 잔여암까지 보장한다.

재진단암 또는 계속받는 암 보장과의 차이를 인지해야 한다.

③ _ 2차암 보장 특약은 1년의 면책기간, 재진단암 보장특약은 2년의 면책기간이 있다.

④ _ 암은 재발과 전이가 특징이다. 특히 가족력이 있다면 더욱 보장이 필요하다.

암 진단금을 재발과 전이에 대비해 남겨두지 않기에 재발과 전이가 발생하면 보장에 구멍이 생기게 된다. 이에 대비할 필요가 있다.

계속받는 3대 질병 진단비 특약
특징과 상담 포인트

✓ 계속받는 진단비 특약의 범위가 점차 늘어나는 추세이다

약관(요약)

○○손해보험
계속받는 3대 질병 진단비(갱신형/비갱신형) 특약

보험기간 중 피보험자가 '첫 번째 3대 질병 진단확정일'로부터 그날을 포함하여 2년이 지난 날의 다음 날부터 발생한 두 번째 3대 질병 진단이 확정되면 특약가입금액을 지급한다.

보장대상 암의 종류

대상질병	분류코드
① 암(기타피부암, 갑상선암, 대장점막내암, 전립선암 제외)	대부분의 암
② 뇌졸중(뇌출혈, 뇌경색증 대상)	I60 ~ I63
③ 급성심근경색증	I21 ~ I23

구체적인 보장내용

① 암의 경우 첫 번째 암에서 제외되는 암은 기타피부암, 갑상선암, 대장점막내암이며, 재진단 암에서 제외되는 암은 기타피부암, 갑상선암, 대장점막내암, 전립선암이다.(예1: 1차암 전립선암 → 2차암 전립선암 : 면책)(예2 : 1차암 전립선암 → 2차암 위암 : 보장)

② 첫 번째 뇌졸중의 진단확정 코드와 다른 질병코드의 뇌졸중 진단을 받은 경우 : 보장
   첫 번째 뇌졸중의 진단확정 코드와 같은 질병코드의 뇌졸중 진단을 받은 경우 : 직접적인 치료를 목적으로 수술 또는 혈전용해 치료를 한 경우에 보장

③ 첫 번째 급성심근경색증 진단확정 코드와 다른 질병코드의 급성심근경색증으로 진단을 받은 경우 : 보장
   첫 번째 급성심근경색증의 진단확정 코드와 같은 질병코드의 급성심근경색증 진단을 받은 경우 : 직접적인 치료를 목적으로 수술 또는 혈전용해 치료를 한 경우에 보장

3대 질병이란 어떤 질병인가?

암과 뇌졸중(뇌출혈 및 뇌경색증), 급성심근경색증을 3대 질병이라고 한다.

3대 질병

암	• 대부분의 암이 포함 • 기타피부암, 갑상선암, 대장점막내암(1차암 제외) • 기타피부암, 갑상선암, 대장점막내암, 전립선암(2차암 제외)

급성심근경색증	대상질병	분류번호
	1. 급성심근경색증	I21
	2. 후속 심근경색증	I22
	3. 급성심근경색증 후 특정 현존 합병증	I23

뇌졸중	대상질병	분류번호
	1. 거미막하 출혈	I60
	2. 뇌내출혈	I61
	3. 기타 비외상성 두개내 출혈	I62
	4. 뇌경색증	I63

3대 질병의 보장개시일은?

3대 질병 모두 면책기간은 2년이다.

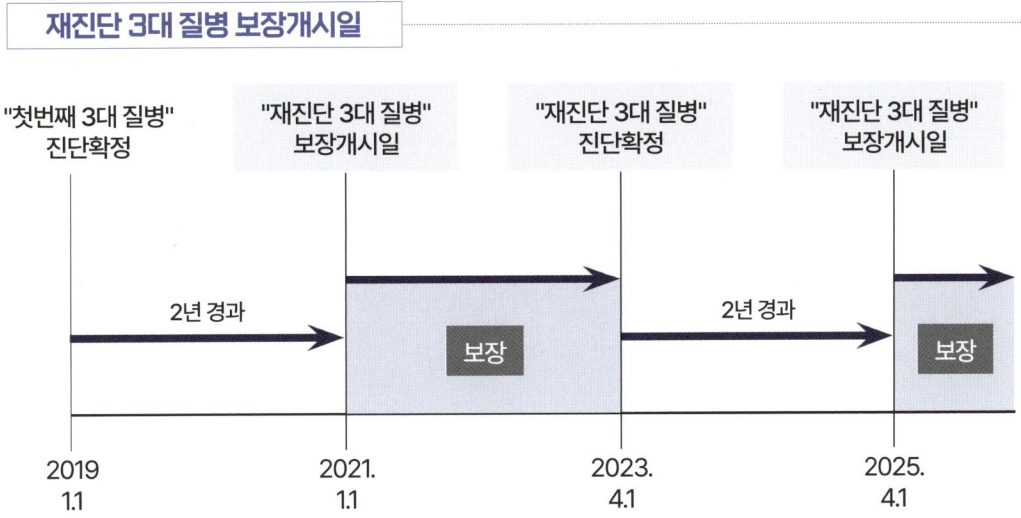

3대 질병 보장시 유의사항

암의 경우 전립선암은 1차암 보장대상 암종이나 2차암이 전립선암일 경우 보장되지 않는다.

급성심근경색증 및 뇌졸중의 경우 재진단 질병이 1차 진단과 다른 진단 코드인 경우 보장되며, 같은 코드일 경우에는 수술 또는 혈전용해 치료 시에 보장된다.

진단비 보장 특약

달인의 화법 **고객의 건강상태와 가족력을 고려해 가입을 권유한다.**

"암, 뇌졸중, 급성심근경색증은 질병의 '빅3'라고 불리고 있는데요, 그 이유는 매우 위험하면서도 발생률이 높은 질병이며 재발 가능성 또한 높은 질병이기 때문입니다. 이들 질병이 발생하면 일을 할 수 없는 경우가 많고 결국 가정의 소득상실로 이어집니다.

1차적으로 이들 질병의 진단비를 준비했더라도 재발 시에는 보장이 없어져 경제적인 어려움이 더욱 커질 수 밖에 없습니다.

우선 그래서 우선적으로 충분한 진단비를 준비하는 것이 필요하고, 혈관이 약하시거나, 가족력이 있으시다면 이 특약을 활용해 미래의 위험에 대비하는 것이 어떨까요?"

상담 포인트

① _ 3대 질병이란 암, 뇌졸중, 급성심근경색증이다.

② _ 보장개시일은 첫 번째 질병 진단 후 2년이 지난 날의 다음 날이다.

③ _ 1회한 보장이 아니라 계속 보장된다.

④ _ 다른 특약에 비해 보험료가 높다. 보험료가 높다는 것은 그 만큼 발생 확률이 높다는 의미이다.

⑤ _ 3대 질병의 가족력이 있거나 혈관이 약한 분들은 특히 이 특약을 활용해야 한다.

08

(경증)혈관질환 진단비 특약

지구 둘레는 4만 킬로미터,
우리 몸의 혈관 길이는 12만 킬로미터에 달합니다.
지구를 자그마치 세 바퀴나 돌 수 있는 길이입니다.
이 중에 단 한 곳만 막혀도 심각할 수 있습니다.

심장은 매 분 72회, 하루 10만 회를 뛰고
매일 5리터의 혈액을 몸 구석구석으로 보냅니다.
뇌혈관의 길이는 약 700 킬로미터에 달하고
20억 개의 뉴런에 산소와 영양물질을 공급합니다.

혈관은 우리의 건강을 지탱하는 근본입니다.
암을 제외한 대부분의 주요 질환은
혈관과 관련이 있습니다.

- 경증혈관질환(뇌혈관, 심장, 대동맥류, 죽상경화증) 진단비 특약
- 순환계질환 진단비 특약

진단비 보장 특약

(뇌혈관, 심장, 대동맥류, 죽상경화증)
경증혈관질환 진단비 특약
특징과 상담 포인트

✓ 경증혈관질환은 매우 위험하지는 않지만 매우 자주 발생하는 혈관질환이다

약관(요약)

○○생명보험 경증뇌혈관질환 진단특약

(특약가입금액 1,000만원 기준)

다음의 질환(경증뇌혈관질환)으로 진단이 확정되었을 경우 (최초 1회한) 진단자금을 지급. 1년 미만 500만원

보장대상 질병	분류번호
파열되지 않은 대뇌동맥의 박리	I67.0
파열되지 않은 대뇌동맥류	I67.1
모야모야병	I67.5
두개내정맥계통의 비화농성 혈전증	I67.6
뇌아밀로이드혈관병증	I68.0
달리 분류된 감염성 및 기생충성 질환에서의 대뇌동맥염	I68.1
달리 분류된 기타 질환에서의 대뇌동맥염	I68.2
경동맥의 폐쇄 및 협착	I65.2

○○생명보험 경증심장질환 진단특약

(특약가입금액 1,000만원 기준)

다음의 질환(경증심장질환)으로 진단이 확정되었을 경우 (최초 1회한) 진단자금 지급. 1년 미만 500만원

보장대상 질병	분류번호	환자 수
심방세동 및 조동	I48	245,464명
류마티스성 대동맥판협착	I06.0	739명
기능부전이 있는 류마티스성 대동맥판협착	I06.2	331명
대동맥판협착	I35.0	18,775명
기능부전을 동반한 대동맥판협착	I35.2	2,488명
급성 심장막염	I30	2,243명
심장막의 기타 질환	I31	7,611명
달리 분류된 질환에서의 심장막염	I32	224명
급성 및 아급성 심내막염	I33	2,466명
상세불명 판막의 심내막염	I38	1,105명
급성 심근염	I40	4,998명
달리 분류된 질환에서의 심근염	I41	141명

(환자 수 출처 : 건강보험심사평가원, 2021)

M/E/M/O

○○생명보험 대동맥 동맥류 및 박리 진단특약

(특약가입금액 100만원 기준)

다음의 질환(대동맥 동맥류 및 박리)으로 진단이 확정되었을 경우 (최초 1회한) 진단자금 지급. 1년 미만 50만원

보장대상 질병	분류번호
대동맥 동맥류 및 박리	I71

○○생명보험 죽상경화증 진단특약

(특약가입금액 100만원 기준)

다음의 질환(죽상경화증)으로 진단이 확정되었을 경우 (최초 1회한) 진단자금 지급. 1년 미만 50만원

보장대상 질병	분류번호
죽상경화증	I70
대뇌죽상경화증	I67.2
죽상경화성 심혈관질환으로 기술된 것	I25.0
죽상경화성 심장병	I25.1

M/E/M/O

경증뇌혈관질환 진단특약의 보장대상 질병은?

경증뇌혈관질환은 질병분류코드 I67(기타뇌혈관질환) 및 I68(달리 분류되는 질환에서의 뇌혈관 장애)의 일부 질환을 보장하는 특약이다.

기타뇌혈관질환(I67) - 환자 수 33만명

- 기타뇌혈관질환이란 뇌출혈이나 뇌경색이 발생하지는 않았으나 뇌동맥의 폭이 좁아져 있거나 껍질이 벗겨져 나가 두통이 발생하고 초기 뇌졸중 증상이 나타나는 질환을 의미한다.
- 대뇌죽상경화증, 고혈압성뇌병증, 모야모야병, 상세불명의 뇌혈관질환 등이 이에 속한다.

대상질병	분류번호	환자 수
파열되지 않은 대뇌동맥의 박리	I67.0	3,783명
파열되지 않은 대뇌동맥류	I67.1	143,808명
모야모야병	I67.5	14,943명
두개내정맥계통의 비화농성 혈전증	I67.6	717명

달리 분류된 질환에서의 뇌혈관 장애(I68) - 환자 수 4,082명

- 뇌혈관 벽에 아밀로이드가 쌓이거나 대뇌동맥에 염증이 생기는 등의 이유로 뇌혈관에 장애가 생기는 질환을 의미한다.
- 환자 수가 4천명 수준으로 많지 않은 질환이다.

경증뇌혈관질환 보장설계 방향

경증뇌혈관질환에서 보장하는 질환은 "뇌혈관질환 진단 특약"에서 모두 보장하는 질환들이다. 따라서 뇌혈관질환 보장이 있는지, 금액은 어느 정도인지를 먼저 파악하고 부족하거나 없는 부분을 보완하는 방향으로 설계한다.

특히 기타뇌혈관질환의 경우 환자 수가 매우 많을 뿐 아니라 젊은 나이에도 많이 발생하는 질환이므로 이 부분에 초점을 맞추어 보장설계를 하는 것이 중요하다.

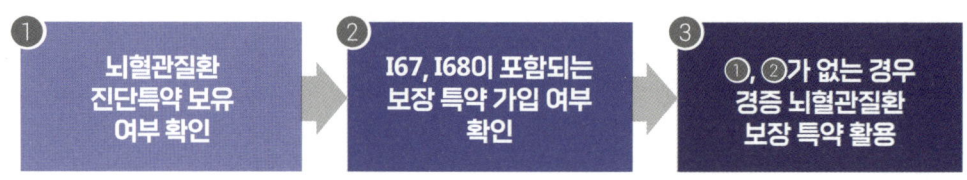

경증심장질환 진단특약의 보장대상 질병

경증심장질환은 허혈성 심장질환이 아닌 "기타 심장질환"의 범주에 포함되는 주요 질환 중 일부분에 대한 보장을 제공한다. 특히 주목할 보장은 "심방세동 및 조동(I48)"이다. 환자 수가 24만명이 넘을 정도로 많은 질병이기 때문이다.

심방세동 및 조동의 특징(I48)

- 심방이 규칙적으로 뛰지 않고 여러 부위가 무질서하게 뜀으로써 불규칙한 맥박을 형성하는 부정맥의 일종이다.
- 나이가 들수록 증가하며, 고혈압, 관상동맥질환에서도 동반되는 현상이다.
- 스트레스와 음주, 갑상선 기능 항진증, 카페인, 감염 등이 원인이 되기도 한다.
- 약물치료, 전극도자절제술 등을 시행하며, 심하면 인공심장 박동기를 심기도 한다.

경증심장질환 보장설계 방향

경증심장질환에서 보장하는 질환은 "기타(특정)심장질환 진단 특약"에서 보장하는 질환과 겹친다. 또한, N대 혈관질환 보장특약, 순환계 질환 진단비 특약의 일부와도 겹친다.

따라서 이들 특약과의 중복 여부를 확인해야 하고, 보장이 부족하거나 없을 경우 보완적으로 활용하면 좋다.

경증심장질환 보장 특약 활용 방법

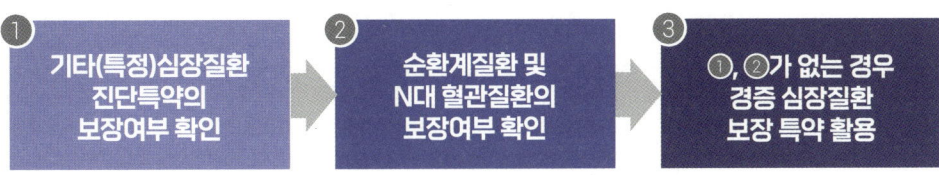

- 가장 환자 수가 많고 중요한 부정맥, 심부전 보장 여부 확인이 중요

'대동맥 동맥류 및 박리'란 어떤 질병인가?

대동맥이 부풀어 오르는 질병으로 특징은 다음과 같다.

대동맥의 종류

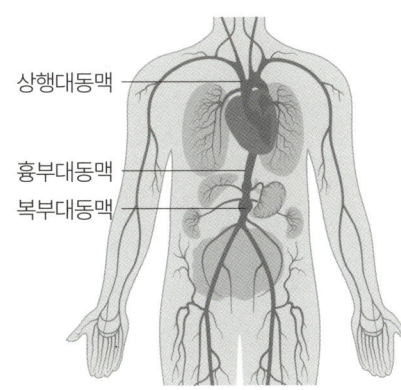

1. 상행대동맥, 하행대동맥, 흉부 대동맥으로 구성
2. 대동맥의 혈관벽이 부풀어 돌기나 풍선 형태로 변형되는 질병
3. 심해지면 혈관 파열
4. 원인1 : 동맥경화(혈관벽에 지방이 쌓여 좁아짐)
5. 원인2 : 대동맥박리(세개의 껍질로 이루어진 대동맥 혈관 벽의 안쪽 껍질이 찢어짐)

대동맥 동맥류 및 박리 환자 수와 가입의 필요성

대동맥동맥류 및 박리 환자는 평균 3만명 수준이지만 최근 빠르게 증가하는 특징을 나타내고 있다는 점에 특히 주목해야 할 필요가 있다.

대동맥 동맥류 및 박리 환자 수와 남녀 비율(2021년)

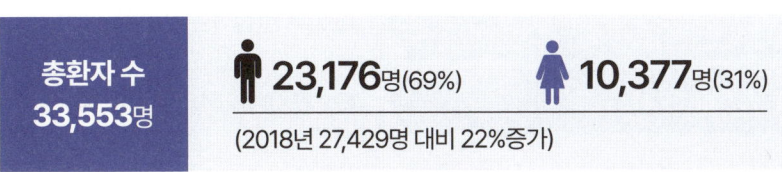

(자료 : 건강보험심사평가원, 2021)

죽상경화증이란 어떤 질병인가?

오래된 수도관이 녹슬고 좁아지는 것과 같이 혈관의 내막에 콜레스테롤이 쌓이는 질환으로, 나이가 들면 생길 수 밖에 없는 질병이다.

죽상경화증의 특징

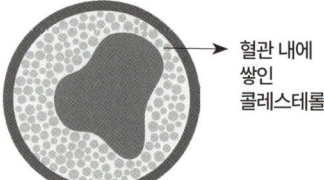

1. 혈관 내막에 침착된 콜레스테롤이 죽종이 되고, 경화가 진행되면 혈관이 파열된다.
2. 혈관내에 혈전(피떡)이 생기거나 출혈이 발생해 혈관이 터지거나 막힐 가능성이 높다.

죽상경화증의 종류와 환자 수

죽상경화증은 꾸준히 10만명 이상의 환자가 치료를 받는 질환이다.
2021년 기준 환자 수는 약 11만명이다.

죽상경화증 환자 수와 남녀 비율(2021년)

총환자 수
109,118명

 60,659명(56%)    48,459명(44%)

(자료 : 건강보험심사평가원, 2021)

죽상경화증과 대뇌죽상경화증 및 죽상경화성 심장병은 계속해서 환자 수가 늘어나는 질환으로, 이는 장수와도 관련이 있다.(노년기에 더 많이 발생하므로)

죽상경화증의 종류별 환자 수와 증가율

종류	환자 수
대뇌 죽상경화증(I67.2) 환자 수	50,283명(2018년 대비 22% 환자 수 증가)
죽상경화성 심혈관질환으로 기술된 것(I25.0) 환자 수	15,324명(줄어드는 추세)
죽상경화성 심장병(I25.1)	132,290명(2018년 대비 39%증가)

죽상경화증 보장설계 방향

죽상경화증 진단 특약은 죽상경화가 발생하는 장기(주로 뇌와 심장)의 죽상경화증만 모아서 별도로 만든 특약이다.

죽상경화증은 환자 수도 많고 꾸준히 증가하는 추세를 보이고 있어 보장이 중요한 질환이며, 대뇌죽상경화증은 "기타뇌혈관질환(I67)"의 하위 질환이며, 죽상경화성 심혈관질환으로 기술된 것 및 죽상경화성 심장병은 "만성허혈심장병(I25)"의 하위 질환이다.

가입 중인 보험에 기타뇌혈관 질환 보장 및 만성허혈성심장병 보장이 있는지를 파악한 후 부족 부분을 보완할 수 있도록 한다.

달인의 화법   혈관이 약한지를 질문하고 약하다면 경증 혈관질환 보장을 적극 권유한다.

(달인의 인터뷰 중에서)
고객에게 뇌혈관, 심혈관 중 어느 쪽이 약한지를 먼저 질문합니다.
여기에 혈관 질환의 가족력이 있는지도 함께 질문합니다.
고객은 이런 질문을 받으면 자신과 가족의 건강 상태에 대해 생각하게 되고 구체적으로 어디가 약한지 정보를 알려줍니다.
이에 따라 필요한 혈관 보장 특약을 제안하면 고객은 만족스러워 합니다.

상담 포인트

1_ 경증뇌혈관질환 진단특약은 I67과 I68의 뇌혈관질환의 일부를 보장대상

특히, I67의 기타 뇌혈관 질환은 환자 수가 33만명에 해당할 만큼 흔하며, 그중 대뇌동맥류는 14만명이 넘을 만큼 많다.

2_ 경증심장질환 진단특약은 기타(특정)심장질환 진단특약과 보장이 중복된다.

부정맥의 대표적인 발작성 빈맥(I47)과 심방세동 및 조동(I48)중 후자를 보장한다.

3_ 대동맥동맥류 박리는 환자 수가 적지만, 빠르게 환자가 증가하는 질환임에 주목

4_ 죽상경화증은 뇌혈관질환, 심장질환의 전조질환으로 환자 수가 매년 증가하는 중요 질환이다.

M/E/M/O

순환계질환 진단비 특약
특징과 상담 포인트

✓ 순환계질환은 나이가 들면 누구에게나 발생하는 대표적인 질환이다

약관(요약)

○○생명보험
순환계질환(말초 및 모세혈관질환) 진단비 특약

(특약가입금액 10만원 기준)
피보험자가 '말초 및 모세혈관질환'으로 진단이 확정되었을 경우
(최초 1회한) 지급. 1년 미만 5만원

보장대상 질병	분류번호
1. 기타 말초혈관질환	I73
2. 모세혈관의 질환	I78
3. 달리 분류된 질환에서의 동맥, 세동맥 및 모세혈관의 장애	I79

○○생명보험
순환계질환(순환계통장애) 진단비 특약

(특약가입금액 10만원 기준)
피보험자가 '순환계통장애'로 진단이 확정되었을 경우(최초 1회한)지급.
1년 미만 5만원

보장대상 질병	분류번호
1. 달리 분류되지 않은 순환계통의 처치후 장애	I97
2. 달리 분류된 질환에서의 순환계통의 기타 장애	I98
3. 순환계통의 기타 및 상세불명의 장애	I99

○○생명보험 순환계질환(특정혈관질환)진단비 특약

(특약가입금액 10만원 기준)

다음의 질환(대동맥 동맥류 및 박리)으로 진단이 확정되었을 경우 (최초 1회한) 진단자금 지급. 1년 미만 5만원

보장대상 질병	분류번호
1. 특정 동맥혈관질환(기타 동맥류 및 박리/동맥색전증 및 혈전증/동맥 및 세동맥의 기타 장애)	I72/I74/I77
2. 특정 정맥혈관질환(정맥염 및 혈전정맥염/기타 정맥의 색전증 및 혈전증/기타 부위의 정맥류)	I80/I82/I86
3. 문맥혈전증	I81

○○손해보험 순환계질환 진단비(1~5종)(비갱신형/갱신형) 특약

다음 질환으로 진단이 확정되었을 경우

특약가입금액 지급/비갱신형은 1년미만 50% 지급(최초 1회한)

특약의 구성	설명
순환계질환 진단비(당뇨병 및 이상지질혈증포함)(1~5종) 순환계질환 진단비(2~5종) 순환계질환 진단비(3~5종) 순환계질환 진단비(4~5종) 순환계질환 진단비(5종)	[별표]의 1~5종 순환계 질환에 해당할 경우 가입 특약에 따른 진단비를 지급한다.

[별표]

구분	보장대상 질병	분류 번호
1종	1. 본태성고혈압 2. 이상지질혈증 3. 당뇨병	I10/H35.0 E78 E10~E14 및 당뇨병성 질환들
2종	1. 특정 고혈압성질환 2. 심장판막질환 3. 특정방실·좌각차단 및 전도장애 4. 심장병합병증 및 심장장애 5. 죽상경화증 6. 말초 및 모세혈관질환 7. 특정정맥 혈관질환 8. 림프절질환 9. 특정순환계통의 기타장애	I11~I13/I15 I34~I37 I44~I45 I51~I52 I70 I73/I78/I79 I80/I82/I86 I88~I89 I97/I98.0/I98.1
3종	1. 급성/만성 류마티스열 2. 심장염증질환 3. 중증 방실차단 4. 부정맥 5. 특정 동맥혈관 질환 6. 문맥혈전증	I00~I02/I05~I09 I30~I33/I38/I40/I41 I44 I47~I49 I72/I74/I77 I81
4종	1. 협심증 2. 경증 허혈성심장질환 3. 폐성 심장병 및 폐순환의 질환 4. 심근병증 5. 심부전 6. 경증 뇌혈관질환 7. 대동맥동맥류 및 박리 8. 식도정맥류	I20 I24~I25 I26~I28 I42~I43 I50 I64~I69 I71 I85/I98.2/I98.3
5종	1. 급성심근경색증 2. 인공소생에 성공한 심장정지 3. 뇌출혈 4. 뇌경색증	I21~I23 I46.0 I60~I62 I63

(일부 세부질환은 생략 – 특약 참조)

순환계질환이란?

피의 순환과 관련된 질환을 총칭해 순환계질환이라고 한다.

순환계질환은 크게 허혈성심장질환, 기타심장질환, 뇌혈관질환, 고혈압성질환으로 구분한다.

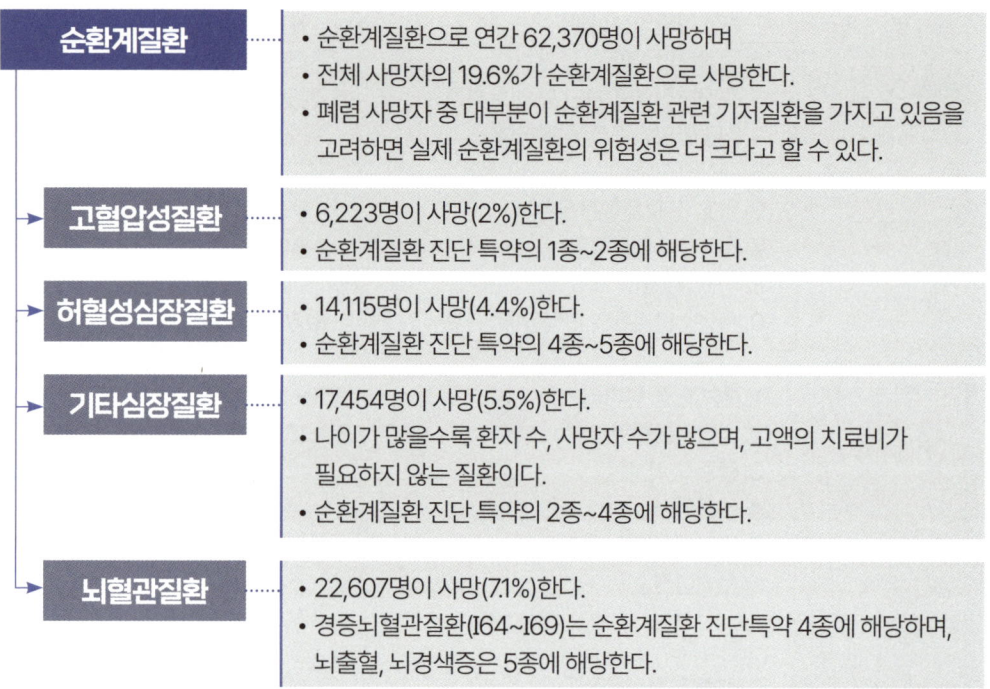

(자료 : 사망원인통계, 2021년)

손해보험회사와 생명보험회사의 순환계질환 보장 관련 특약의 특징

생명보험회사의 순환계질환 보장 특약은 유사한 질환을 GROUP화 한 후 해당 질환을 각각 보장하는 개별 보장의 형태를 취하고 있다.

손해보험회사의 순환계질환 보장 특약은 질환의 경, 중에 따라 1종~5종으로 분류한 후 각각의 종별로 보장금액을 차등화하는 방식을 취하고 있다.

손해보험회사의 순환계질환 보장금액은 갱신형은 1년 미만 50% 감액이 적용되지 않으나 비갱신형은 1년 미만 50%를 감액한다.

보장설계의 방향 – 환자 수가 많은 질환부터 우선 보장

순환계질환 중 환자 수가 10만명이 넘는 질환은 발생확률이 높은 질환으로 판단할 수 있다. 여기에 사망위험이 높은 질환을 중심으로 보장설계를 한다면 보다 효과적인 설계가 가능할 것이다.

환자 수가 10만명이 넘는 순환계질환들

(환자 수 : 명)

심장질환			뇌혈관질환		
협심증	I20	703,749	뇌경색	I63	508,415
심방세동 및 조동(부정맥)	I48	245,464	기타뇌혈관질환	I67	330,904
만성 허혈심장병	I25	229,695	뇌경색증을 유발하지 않은 뇌전동맥의 폐쇄 및 협착	I65	129,197
심부전	I50	157,258	뇌출혈	I60~I62	103,324
죽상경화성 심장병	I25.1	132,290	고혈압성질환		
급성심근경색증	I21	126,342	본태성고혈압	I10	6,765,148
죽상경화증	I70	109,118	고혈압성심장병	I11	310,105

(자료 : 건강보험심사평가원, 2021년)

달인의 화법 순환계질환 보장은 반드시 있어야 하며, 발생확률과 치명성을 고려한 가입이 필요하다.

"순환계질환은 전체 사망자의 20%를 차지할 만큼 많으며, 위험성으로 따지면 암에 이어 두 번째로 위험한 질환입니다.

순환계질환 중에는 고혈압과 같이 경증의 만성질환이 있는가 하면 뇌출혈이나 급성심근경색증과 같은 치명적인 질환이 포함되어 있습니다.

순환계질환에 대한 보장은 우선 환자 수가 많은 질환이 무엇인지 알고, 이들 질환에 대한 촘촘한 보장과 함께 위험도가 높은 질환에 대해서는 더 많은 보장을 준비하는 방향으로 구성해야 합니다.

심장질환은 협심증, 부정맥 등을 살펴보셔야 하며, 뇌혈관질환은 뇌경색, 기타뇌혈관질환 등을 살펴보셔야 합니다.(환자 수가 10만명이 넘는 질환을 알아 두면 상담이 더욱 효과적입니다.)"

진단비 보장 특약

상담 포인트

1_ 순환계질환 : 고혈압성질환, 허혈성심장질환, 기타심장질환, 뇌혈관질환

2_ 손해보험회사의 순환계질환 진단특약은 대부분의 순환계질환을 1~5종으로 구분해 보장한다.

3_ 생명보험회사의 순환계질환 진단특약은 유사 질환을 묶어 개별 보장한다.

4_ 환자 수가 10만명이 넘는 질환을 알고, 이들 질환에 대한 보장이 빠지지 않도록 설계한다.

M/E/M/O

09

뇌심선행질환(고혈압, 당뇨 등) 진단비 특약

누구나 하나 이상은 가질 수 밖에 없는 만성질환은
뇌심의 전조질환이다.

- 뇌심선행질환·순환계질환(이상지질혈증, 고혈압, 당뇨병) 진단비 특약
- 당뇨합병증·일과성뇌허혈발작 진단비 특약

고혈압

가장 대표적인 만성질환으로, 고혈압 치료 환자 수는 700만명에 육박하고 유병자 수는 1,200만명에 이를 만큼 너무나 친숙한 질환이다.
고혈압이 위험한 이유는 다양한 합병증을 일으키는 원인이기 때문이다.

고혈압의 기준
수축기 혈압 : 140mmHg 이상이거나
이완기 혈압 : 90mmHg 이상일 때

140~160mmHg 1기 고혈압
그 이상이면 2기 고혈압

고혈압	동맥 혈압이 정상보다 높아진 상태로 원인이 밝혀지지 않은 경우(본태성)가 대부분
고혈압성 질환종류	본태성 고혈압, 고혈압성 심장병, 고혈압성 신장병, 이차성 고혈압 등
고혈압 환자 수	진단자 970만명/치료제 처방 900만명/ 실제 치료 환자 수 676만명

(자료 : 대한고혈압학회 고혈압팩트시트 2020/건강보험심사평가원 2021)

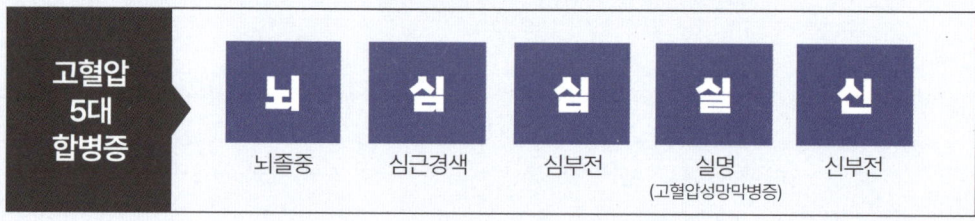

고혈압 5대 합병증 → 뇌(뇌졸중) 심(심근경색) 심(심부전) 실(실명, 고혈압성망막병증) 신(신부전)

당뇨병

혈액(헤모글로빈)은 당을 세포로 배달한다. 혈액 속에 있는 당이 세포로 들어가려면 '인슐린'이 있어야 하는데 인슐린이 부족하면 당이 세포 속으로 들어가지 못하고 혈액 속에 과도하게 많아져 오줌으로 배출된다. 이것이 당뇨병이다. 2012년 312만명에서 10년 새 환자 수가 2배(600만명)로 증가하였다.

당뇨병의 기준
평균혈당 140mg/dL
당화혈색소 기준 6.5이상

당화혈색소 (HbA1c)	산소를 운반하는 헤모글로빈(혈색소)이 혈액 내에 있는 포도당과 결합하는 것을 "당화"라 하며, 포도당과 결합된 혈색소를 당화혈색소라고 함
당뇨병의 중요성	당뇨병은 대부분의 혈관성 질환의 전조 질환 특정유전자, 식생활, 운동부족, 스트레스가 원인
당뇨병 환자 수	• 600만명 추정(대한당뇨병학회, 2021년) • 실제 치료 환자 수 376만명(계속 증가 중)

(자료 : 건강보험심사평가원 2021)

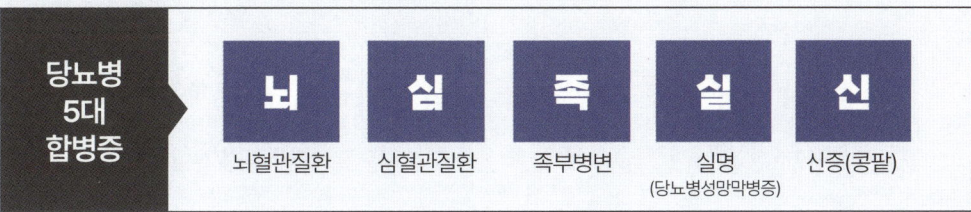

이상지질혈증

혈액 속에 지질 또는 지방 성분이 과다하게 함유된 상태를 의미한다. 고콜레스테롤혈증, 고중성지방혈증, 낮은 고밀도(HDL) 콜레스테롤혈증 등의 형태로 나타나며, 이들은 혈관에 침착되어 혈액의 흐름을 방해하여 동맥경화를 일으킨다.

이상지질혈증 기준
1. 총콜레스테롤 200mg/dL이상
2. LDL 콜레스테롤 130mg/dL 이상
3. HDL 콜레스테롤 40mg/dL 이하
4. 중성지방 150mg/dL 이상

2회 이상 측정시, 이중 하나라도 해당될 경우

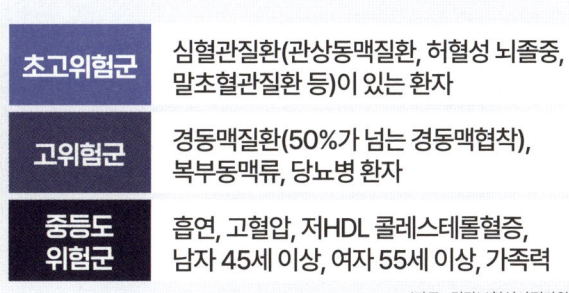

(자료 : 건강보험심사평가원 2021)

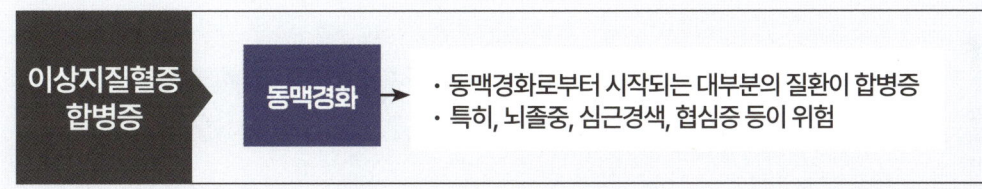

진단비 보장 특약

(이상지질혈증, 고혈압, 당뇨병)
뇌심선행질환·순환계질환 진단비 특약
특징과 상담 포인트

✓ 경증혈관질환을 잘 관리하지 않으면 위험한 뇌·심혈관질환으로 발전한다

약관(요약)

○○생명보험 뇌심선행질환(고지혈증) 진단특약

(특약가입금액 10만원 기준)
'고지혈증'으로 진단이 확정되었을 경우(최초 1회한), 1년 미만 5만원

보장대상 질병	분류번호	환자 수
지질단백질대사장애 및 기타 지질증	E78	2,597,552명

○○생명보험 뇌심선행질환(고혈압) 진단특약

(특약가입금액 10만원 기준)
'고혈압'으로 진단이 확정되었을 경우(최초 1회한), 1년 미만 5만원

보장대상 질병	분류번호	환자 수
본태성(원발성) 고혈압	I10	6,765,148명
고혈압성 심장병	I11	310,105명
고혈압성 신장병	I12	15,960명
고혈압성 심장 및 신장병	I13	16,660명
이차성 고혈압	I15	18,543명
배경망막병증 및 망막혈관변화	H35.0	73,187명

○○생명보험 뇌심선행질환(당뇨병) 진단특약

(특약가입금액 10만원 기준)
'당뇨병'(당화혈색소 기준)으로 진단이 확정되었을 경우(최초 1회한), 1년 미만 5만원

보장대상 질병	분류번호	환자 수
• 1형 당뇨병	E10	42,827명
• 2형 당뇨병	E11	3,206,933명
• 영양실조-관련 당뇨병	E12	1,290명
• 기타 명시된 당뇨병	E13	69,057명
• 상세불명의 당뇨병	E14	444,022명

(환자 수 출처 : 건강보험심사평가원, 2021)

Point 당뇨병 : 당화혈색소(HbA1c) 6.5% 이상

○○손해보험 순환계질환 진단비(1~5종)(비갱신형/갱신형) 특약

다음의 질환으로 진단이 확정되었을 경우 특약가입금액 100% 지급 (갱신형)/비갱신형은 1년 미만 50% 지급한다. (최초 1회한)

구분	보장대상 질병(상위 질병명)	분류 번호
1종	본태성 고혈압 이상지질혈증 당뇨병	I10/H35.0 E78 E10~E14 및 당뇨병성 질환들

(계속)

진단비 보장 특약

구분	보장대상 질병(상위질병명)	분류 번호
2종	특정 고혈압성질환 심장판막질환 특정방실·좌각차단 및 전도장애 심장병합병증 및 심장장애 죽상경화증 말초 및 모세혈관질환 특정정맥 혈관질환 림프절질환 특정순환계통의 기타장애	I11~I13/I15 I34~37/I39 I44~I45 I51~I52 I70 I73/I78/I79 I80/I82/I86 I88~I89 I97/I98.0/I98.1

※ 순환계질환 진단비(1~5종)는 순환계질환을 종별로 분류해 특약 가입 금액을 차등 지급
 (이 표에서는 1종, 2종만 표시함)

M / E / M / O

고지혈증 진단비 특약의 보장대상 질병과 특징은?

'지질단백질대사장애 및 기타 지질증(E78)'은 일반적으로 '고지혈증'이라고 표현한다. 첫 번째 특징은 고혈압, 당뇨와 함께 만성 질환 Big 3에 속할 만큼 환자 수가 많다는 점이며 두 번째는 여성이 남성에 비해 1.5배 많다는 것이다.

고지혈증 환자 수와 남녀 비율

| 총환자 수 260만명 |  103만명(40%) |  1.5배 |  157만명(60%) |

(자료 : 건강보험심사평가원, 2021)

고혈압 진단비 특약의 보장대상 질병과 특징은?

고혈압은 1위의 만성질환이다. 1년에 676만명이 진료를 받으며 고혈압 약을 처방 받은 환자 수는 900만명이 넘는다. 고혈압 환자의 95%는 본태성 고혈압이며 남녀 비율은 비슷하다.

이 특약은 대부분의 고혈압과 '배경망막병증 및 망막혈관변화 (H35.0)'를 보장한다.

본태성 고혈압 환자 수와 남녀 비율

| 총환자 수 676만명 | 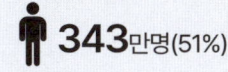 343만명(51%) | | 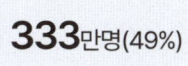 333만명(49%) |

(자료 : 건강보험심사평가원, 2021)

배경망막병증 및 망막혈관변화는 "고혈압성 망막병증을 포함한 망막 혈관 질환"을 모두 포함

| 총환자 수 7만 3천명 | • 망막은 사진기의 필름에 해당하는 역할을 하며, 망막에는 모든 종류의 혈관이 모여있다.
• 고혈압이 심해지면 동맥류, 망막의 출혈, 유두부종 등이 나타나고 시력이 감소하는데, 이를 "고혈압성 망막병증"이라 한다. |

(자료 : 건강보험심사평가원, 2021)

당뇨병 진단비 특약의 보장대상 질병은?

당뇨병은 크게 1형 당뇨병과 2형 당뇨병, 상세 불명의 당뇨병으로 구분된다. 1형 당뇨병은 인슐린이 아예 분비되지 않는 선천성 질환이며 환자의 85%를 차지하는 2형 당뇨병은 인슐린 저항성이 증가하여 생기는 성인 당뇨병이다. 남자와 여자의 비율은 약 55 : 45이다.

당뇨병 환자 수와 남녀 비율

총환자 수 377만명 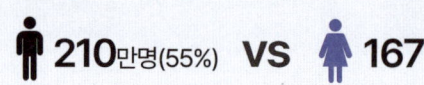 210만명(55%) VS 167만명(45%)

(자료 : 건강보험심사평가원, 2021)

고혈압, 당뇨병 진단 특약의 다양한 유형

고혈압 또는 당뇨병 진단 특약은 보장금액이 낮은 경우가 대부분이다. 이는 발생률이 매우 높은 질환에 고액의 보장을 제공할 경우 보험료가 매우 높아지기 때문이다.

특약에 따라서는 보다 높은 수준의 보험금을 지급하는 경우가 있는데, 이런 특약들은 대체로 면책기간이 있고(1년) 진단 + 실제 치료를 보험금 지급사유로 규정하는 경우가 많다.
보험금의 크기와 보험료의 부담을 고려해 선택할 필요가 있다.

다양한 특약 예시

보다 높은 수준의 고혈압 진단금을 지급하는 특약

보장개시일로부터 1년이 지나고 고혈압으로 진단 확정되고 180일 동안 약물치료를 받을 경우 300만원을 지급한다. → 약물 치료가 조건

보다 높은 수준의 당뇨병 진단금을 지급하는 특약

보장개시일로부터 1년이 지나고 당화혈색소 6.5%이상으로 진단이 확정된 경우 200만원을 지급하며, 당화혈색소 9.0% 이상인 경우 300만원을 지급한다.

달인의 화법 뇌심선행질환 및 순환계질환 진단 특약은 가입하면 보험금을 받을 확률이 높은 만큼 대상 환자가 많음을 설명한다.

"고혈압과 당뇨병의 추정 환자 수는 각각 1,200만명, 600만명에 이른다고 합니다. 실제 치료를 받고 있는 분들도 대략 고혈압 710만명, 당뇨 400만명에 이를 만큼 많습니다. 여기에 고지혈증 환자 260만명까지 더하면 중장년 이후에 이들 질환 중 하나 이상은 누구나 가지고 있다고 해도 과언이 아닙니다.

보장금액은 작지만 준비해 두면 결코 손해날 일이 없는 특약이 고혈압, 당뇨, 고지혈증 진단금 특약이 아닐까 합니다. 기존에 가입하고 계시더라도 보험금이 낮은 경우가 대부분이기 때문에 하나 더 준비하는 것도 고객님께 도움이 될 것 같습니다."

상담 포인트

① _ 고혈압의 95%는 본태성고혈압이며, 5대 합병증은 "뇌·심·심·실·신"이다.
5대 합병증은 뇌졸중, 심근경색, 심부전, 실명, 신부전이다.

② _ 당뇨병의 85%는 2형 당뇨병이며, 5대 합병증은 "뇌·심·족·실·신"이다.
5대 합병증은 뇌혈관질환, 심혈관질환, 족부병변, 실명, 신증이다.

③ _ 고지혈증은 환자 수가 260만명에 이르는 만성질환이며, 여자가 남자보다 1.5배 많은 질환이다.

④ _ 고혈압, 당뇨병 진단비를 지급하는 특약은 다양하기에 보험료와 보험금의 합리적 비교가 필요하다.

당뇨합병증·일과성뇌허혈발작 진단비 특약
특징과 상담 포인트

✓ 실제로 매우 유용한 특약이므로 꼭 준비해야 한다.

약관(요약)

○○손해보험
만성당뇨합병증(갱신형 / 비갱신형) 진단비 특약

다음의 만성당뇨 합병증 진단시 특약가입금액을 지급한다. (비갱신형) / 보험계약일로부터 1년 미만일 경우 50%를 지급한다.(갱신형) 1회한 지급

보장대상 질병	분류번호	상세분류번호
· 1형 당뇨병	E10	E1*.2 신장합병증 동반
· 2형 당뇨병	E11	E1*.3 눈 합병증 동반
· 영양실조-관련 당뇨병	E12	E1*.4 신경학적 합병증 동반
· 기타 명시된 당뇨병	E13	E1*.5 말초순환계 합병증 동반
· 상세불명의 당뇨병	E14	
· 기타당뇨병성합병증		G59.0 G63.2 H28.0 H36.0 N08.3

※ 본문의 More Info 〈만성 당뇨합병증 진단비 특약 보장대상 질병 상세 분류표〉를 참고하세요.

○○보험 당뇨안심보험 / 당뇨관련 특약

당뇨 진단 및 치료시 다음과 같이 보험금을 지급한다.

보장대상	보장내용
· 당뇨진단보험금(당화혈색소 6.5%이상)	최초 1회한 100만원 지급
· 당뇨진단보험금(당화혈색소 7.5%이상)	최초 1회한 100만원 지급
· 당뇨진단보험금(당화혈색소 9.0%이상)	최초 1회한 300만원 지급
· 인슐린치료 보험금	최초 1회한 300만원

Point
※ 당뇨병 진단금 및 치료비를 지급하는 보험으로 온라인 전용보험
※ 주계약 연계 보장으로 주계약 금액에 따라 보장한도 달라짐

○○생명보험 뇌심선행질환(일과성뇌허혈발작) 진단특약

(특약가입금액 100만원 기준)
'일과성뇌허혈발작'으로 진단이 확정되었을 경우(최초 1회한),
1년 미만 50만원

보장대상 질병	분류번호	환자 수
· 척추-뇌기저동맥증후군	G45.0	G45(일과성 뇌허혈발작) 전체 118,834명
· 경동맥증후군(대뇌반구성)	G45.1	
· 다발성 및 양쪽 뇌전동맥증후군	G45.2	
· 일과성 흑암시	G45.3	
· 기타 일과성 뇌허혈발작 및 관련 증후군	G45.8	
· 상세불명의 일과성 뇌허혈발작	G45.9	

당뇨 합병증 보장의 중요성

당뇨병의 질병분류코드를 살펴보면 대부분 당뇨 합병증 질환으로 구성되어 있다. E1*.2는 신장합병증/E1*.3은 눈 합병증/E1*.4는 신경학적 합병증/E1*.5는 말초순환계 합병증이며, 이외에도 기타 당뇨병성 합병증(단일신경병증 G59.0, 다발신경병증 G63.2, 백내장 H28.0, 망막병증 H36.0, 사구체장애 N08.3)등을 보장한다.

당뇨 합병증은 혈관이 촘촘하게 집중되어 있는 장기에서 발생하는데, 뇌와 콩팥, 눈은 혈관이 매우 많이 분포되어 있기에 이곳에서 합병증이 집중적으로 발생한다.

당뇨 합병증으로 많이 발생하는 질환의 특징

신장 합병증	• 콩팥은 혈관덩어리라 할 만큼 모세혈관이 꼬여있는 사구체 단위로 구성 • 고혈당에 의해 신장의 세포와 혈관이 손상 • 말기 신부전 환자의 57%가 당뇨병(2003년 투석환자 4만명 조사 결과)
눈 합병증	• 당뇨병 환자 5명 중 1명이 당뇨병성 망막병증 (2012년 보건복지부 조사, 65세 이상 당뇨병 환자 대상) • 자각증상 없고 서서히 시력 감퇴
신경학적 합병증 및 말초신경병증	• 당뇨병 환자의 약 15%는 당뇨병성 말초신경병증 증상 발생 • 50세 이상의 당뇨병 환자에서 많이 나타남 • 감각신경, 운동신경의 이상 → 저리거나 시린 느낌

당뇨병 진단과 치료에 특화된 보험의 특징은?

당뇨병의 진단과 치료에 특화된 보험이란, 당뇨병의 경중에 따라 진단금을 차등 지급하거나, 당뇨 치료를 위해 주로 사용하는 인슐린 치료 시 보험금을 지급 또는 당뇨 합병증이 발생하거나 당뇨로 인해 다리를 절단했을 때 수술비를 지급하는 등 당뇨와 관련된 질환의 진단과 치료에 따른 보험금을 지급하는 것을 내용으로 하고 있다.

당뇨병 및 합병증 보장 방법은?

당뇨병이 발생하면 평생 관리해야 한다. 당뇨병 초기에는 식이요법 등으로 혈당 관리를 하지만 좀 더 심해지면 인슐린 치료를 받아야 한다. 여기에 가족력, 고령의 상황이 더해지면 심장질환 및 뇌혈관질환, 신장질환, 눈 등에 합병증이 발생한다.

또한 이들 질환으로 인한 후유장해가 나타날 가능성도 높아 이 부분에 대해서도 대비해야 한다. 보장을 위한 5단계 프로세스는 다음과 같다.

당뇨 보장 및 관련 특약 활용 5단계 프로세스

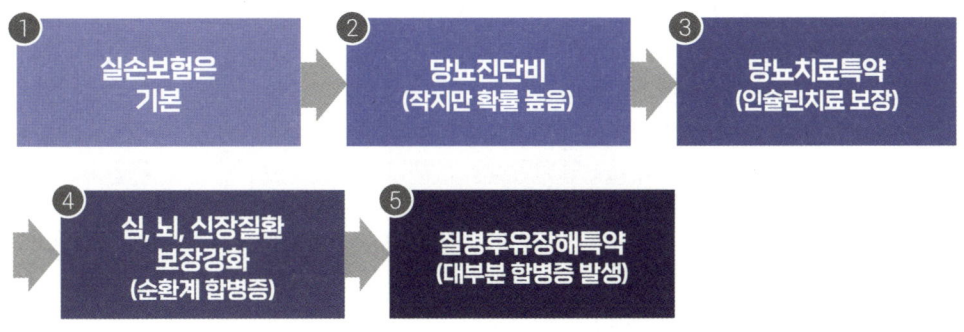

M/E/M/O

More Info

만성당뇨합병증진단비(갱신형/비갱신형)특약 보장대상 질병 상세 분류표

구분	대상질병	분류번호
1형 당뇨병	신장 합병증을 동반한 1형 당뇨병 눈 합병증을 동반한 1형 당뇨병 신경학적 합병증을 동반한 1형 당뇨병 말초순환계 합병증을 동반한 1형 당뇨병	E10.2 E10.3 E10.4 E10.5
2형 당뇨병	신장 합병증을 동반한 2형 당뇨병 눈 합병증을 동반한 2형 당뇨병 신경학적 합병증을 동반한 2형 당뇨병 말초순환계 합병증을 동반한 2형 당뇨병	E11.2 E11.3 E11.4 E11.5
영양실조-관련 당뇨병	신장 합병증을 동반한 영양실조-관련 당뇨병 눈 합병증을 동반한 영양실조-관련 당뇨병 신경학적 합병증을 동반한 영양실조-관련 당뇨병 말초순환계 합병증을 동반한 영양실조-관련 당뇨병	E12.2 E12.3 E12.4 E12.5
기타 명시된 당뇨병	신장 합병증을 동반한 기타 명시된 당뇨병 눈 합병증을 동반한 기타 명시된 당뇨병 신경학적 합병증을 동반한 기타 명시된 당뇨병 말초순환계 합병증을 동반한 명시된 당뇨병	E13.2 E13.3 E13.4 E13.5
상세불명의 당뇨병	신장 합병증을 동반한 상세불명의 당뇨병 눈 합병증을 동반한 상세불명의 당뇨병 신경학적 합병증을 동반한 상세불명의 당뇨병 말초순환계 합병증을 동반한 상세불명의 당뇨병	E14.2 E14.3 E14.4 E14.5
기타당뇨병성 합병증	당뇨병성 단일신경병증 당뇨병성 다발신경병증 당뇨병성 백내장 당뇨병성 망막병증 당뇨병에서의 사구체장애	G59.0 G63.2 H28.0 H36.0 N08.3

"일과성 뇌허혈발작 진단특약"의 보장대상 질병과 특징은?

이 질환은 뇌졸중 질환의 한 유형이라고 할 수 있다. 국소적으로 신경학적 결손이 갑자기 발생했다가 24시간 내에 다시 회복되는 질환으로, 뇌혈류의 일시적인 장애에 의해 발생한다. 주로 고혈압이나 당뇨병 등이 원인이 된다.

증세는 '뇌졸중(팔다리 힘이 빠지거나, 감각저하, 구음장애, 시력장애, 두통 등)'인데 증상이 사라지기 때문에 보험금 지급 분쟁이 많이 발생하는 대표적인 질환이다.

따라서 뇌경색증의 보완을 위해 준비가 필요한 특약이다.

뇌경색과 일과성뇌허혈발작의 구분

[사례]
두통 및 어지럼증으로 MRI검사를 받았는데, 상세불명의 뇌경색증(I63.9)의 진단을 받았으나 실제로는 일과성 뇌허혈발작(I45.9) 또는 뇌경색증의 후유증(I69.3)으로 판단되는 경우가 다수 발생한다.

[핵심]
뇌경색증 소견과 함께 뚜렷한 신경학적 결손 증상이 있는 경우 "뇌경색"으로 판단

달인의 화법 — **당뇨관련 질환 보장은 합병증에 초점을 맞춰 설명하는 것이 중요하다.**

"당뇨병을 흔히 만병의 근원이라고 합니다. 당뇨병이 한번 발생하면 완치가 어렵고 나이가 들면서 점차 합병증이 발생하기 때문입니다.

가족중에 당뇨병을 가진 분이 계시거나, 혈관에 문제가 있으셨던 분들이 계시다면 당뇨병 보장 특약 활용을 꼭 염두에 두셔야 합니다.

당뇨는 합병증이 무서운 질병입니다. 특히, 5대 합병증인 뇌혈관질환, 심혈관질환, 족부병변, 당뇨병성 망막병증, 신증 등에 대한 대비가 꼭 필요합니다."

상담 포인트

① 당뇨병 보장특약의 보험금 지급 기준은 당화혈색소 6.5% 이상이다.

② 당뇨병의 무서움은 합병증에 있다. 합병증에 대비한 보장설계가 필수적이다.

③ 당뇨병은 가족력의 영향을 많이 받는 질환이며, 식생활, 건강상태를 고려해 가입 여부를 결정한다.

④ "일과성뇌허혈발작 진단 특약"은 뇌경색증의 보완 수단으로 준비해야 할 특약이다.

M/E/M/O

10
뇌혈관질환 진단비 특약

뇌혈관질환은 3대질병 중 소득상실 위험이
가장 큰 질환이다.

- 뇌출혈·뇌경색증 진단비 특약
- (특정)뇌혈관질환·뇌졸중 진단비 특약
- 뇌혈관질환 진단비 특약

뇌혈관질환의 종류와 환자 수, 질병별 비중

뇌혈관질환은 사망원인 3위에 해당하는 질환이면서 소득상실에 따른 위험이 가장 큰 질환이다. 뇌혈관질환으로 매년 118만명이 치료받고 있으며, 이 중 뇌경색증 환자 수가 50만명으로 가장 많고 기타 뇌혈관질환이 33만명을 차지하고 있다.

(자료 : 건강보험심사평가원, 2021. 비율:뇌혈관질환 전체 환자 대비)

M / E / M / O

뇌출혈·뇌경색증 진단비 특약
특징과 상담 포인트

✓ 뇌의 혈관이 터지거나 막히면 사망하거나, 후유증으로 고생한다

약관(요약)

○○생명보험 뇌출혈 진단특약

'뇌출혈'로 진단이 확정되었을 경우(최초 1회한) 특약가입금액 지급

– 1년 미만 50% 지급

대상질병	분류번호	환자 수	비율
· 거미막하출혈	I60	35,698명	3.0%
· 뇌내출혈	I61	57,382명	4.8%
· 기타 비외상성 두개내출혈	I62	10,244명	0.9%

○○손해보험 뇌출혈 진단특약

'뇌출혈'로 진단이 확정되었을 경우(최초 1회한)(비갱신형)

→ 1년 미만 50% 지급(갱신형)

– 보장대상 질병은 ❶ 과 동일

○○생명보험 뇌경색증 진단특약

'뇌경색증'으로 진단이 확정되었을 경우(최초 1회한) 특약가입금액 지급
→ 1년 미만 50% 지급

대상질병	분류번호	환자 수	비율
뇌경색증	I63	508,415명	42.7%

(자료 : 건강보험심사평가원, 2021. 비율:뇌혈관질환 전체 환자 대비)

관련특약 뇌출혈, 뇌경색증, 뇌졸중을 보장하는 다양한 상품 및 특약의 유형

유형 1 "뇌혈관질환 진단 특약"은 뇌출혈, 뇌경색증, 뇌졸중을 모두 포함해 보장한다. 보장 범위가 넓은 특약이다.

유형 2 "뇌출혈 및 뇌경색증 진단 특약"은 뇌출혈, 뇌경색증을 보장한다. 뇌경색증이 포함된다는 점에서 의미가 있다.

유형 3 주계약 자체가 "뇌출혈"을 보장하는 보험 상품(CI보험, GI보험, 건강종신보험)도 있다.

유형 4 '순환계질환 진단특약(1~5종)'은 뇌출혈 및 뇌경색증을 5종으로 분류하며, 보장한다.

M/E/M/O

특약에서 보장하는 "뇌출혈, 뇌경색증, 뇌졸중"의 대상은?

특약에서 보장하는 뇌출혈, 뇌경색증, 뇌졸중의 보장대상 질환은 다음과 같다.

뇌출혈, 뇌졸중, 뇌혈관질환 진단비 지급 특약의 구조 MAP

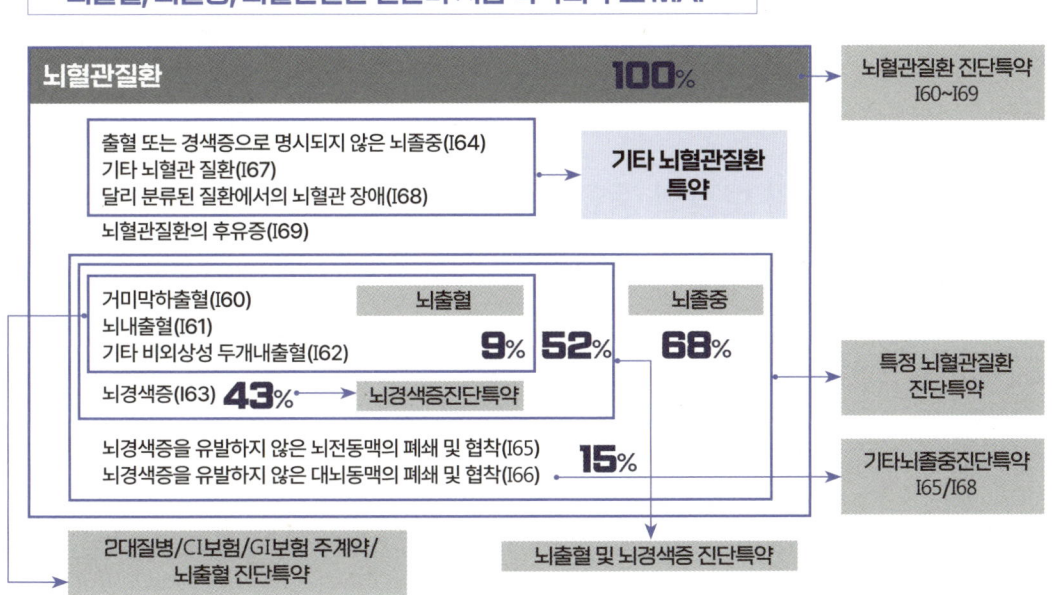

뇌출혈의 특징과 보장의 중요성

뇌출혈은 뇌의 혈관이 터져 출혈이 발생하는 것이다. 출혈이 발생하는 부위에 따라 거미막하 출혈, 뇌내출혈, 기타비외상성 두개내출혈로 구분된다. 특약에서는 이들 모두를 보장 대상으로 한다. 75%가 고혈압 때문에 발생한다.

뇌출혈의 종류와 특징

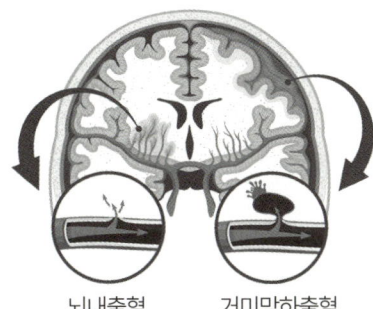

- **거미막하출혈(I60)**
  - 거미줄 모양의 막인 지주막 파열 : 80%가 뇌동맥류파열로 발생
- **뇌내출혈(I61)**
  - 뇌 안의 혈관이 터져 출혈이 발생
  - 반신 불수, 신경 증상/후유장해 남음 : 75%가 고혈압이 원인
- **기타 비외상성 두개내출혈(I62)**
  - 출혈이 발생하여 뇌와 경막 사이에 피가 고여 뇌를 압박하는 상태

뇌출혈, 50대가 가장 위험

2012~2015년 환자 7,858명(1차 그룹), 2020년 1~12월 2,431명(2차 그룹)대상 조사에서, 1차 그룹의 50대 비중이 26.3%, 2차는 27.2%로 전 연령대에서 가장 많다. 8년 흘렀지만 '50대 1위'는 달라지지 않는다. 발병 1개월 이내 사망률도 뇌출혈이 9.4%로 뇌경색(3.4%)의 2.8배이다.

삼성서울병원 재활의학과 김연희 교수팀

뇌경색증의 특징과 보장의 중요성

뇌혈관질환 중 가장 환자 수가 많으면서도 매우 위험한 질환이 뇌경색증이다.

뇌경색증의 특징

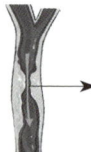

- 혈관벽에 찌꺼기가 생겨 혈류 장애(협착)
  출혈 X, 고혈압, 당뇨, 고지혈증 등으로 동맥경화증 발생으로 뇌혈류 차단
- 혈괴가 혈관을 막는 것(폐색)

뇌경색증 보장의 중요성

1. 갑작스럽게 발생하는 편측마비, 안면마비, 감각이상, 구음장애(발음이 어눌해지는 현상)등이 흔히 발생한다. → 후유증이 남는다는 특징
2. 50만명이 치료받는 질병으로, 뇌혈관질환 환자 수의 43%를 차지할 만큼 많다.
3. 70대에 가장 많이 발생한다.

뇌출혈, 뇌경색증 보장을 늘려야 하는 이유

뇌출혈과 뇌경색증은 그 자체로도 사망할 만큼 위험하지만 목숨을 구한다고 하더라도 대부분 후유증으로 인해 "직업을 유지하지 못하는 상황"이 발생한다.

실제 뇌질환이 발생한 환자의 직업 유지 비율을 조사한 결과 유지한 경우가 전체의 6.7%에 불과한 것으로 나타났다. 따라서 다른 질환보다 높은 수준의 보장이 필수적이다.

뇌출혈, 뇌경색증의 후유증과 소득상실액

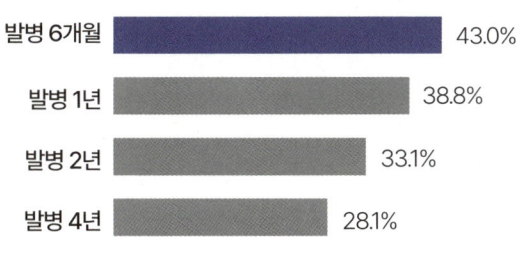

| 독립적인 일상생활이 어려운 뇌졸중 환자 비율 |
발병 6개월 43.0%
발병 1년 38.8%
발병 2년 33.1%
발병 4년 28.1%

(자료 : 뇌졸중 환자 재활분야 10년 추적 조사연구, KOSCO)

※ 뇌질환 발병 전 직업이 있었던 61.3%(남자 77%, 여자 40%)를 대상으로 조사한 결과

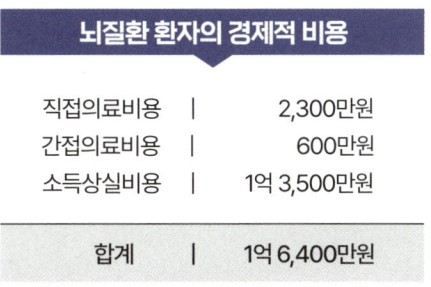

뇌질환 환자의 경제적 비용

직접의료비용	|	2,300만원
간접의료비용	|	600만원
소득상실비용	|	1억 3,500만원
합계	|	1억 6,400만원

(자료 : 뇌질환의 비용추계 : 개인적 사회적 비용, 2010)

달인의 화법 뇌출혈, 뇌경색증은 소득상실비용이 무엇보다 큰 질환임을 강조해야 한다.

"주변에 암 진단을 받으시고 치료 후 일을 하시는 분들을 많이 보셨을 것입니다. 그런데, 뇌졸중을 앓으신 분들이 정상적으로 일을 하는 모습은 거의 보지 못하셨을 텐데요. 뇌졸중이 가져오는 후유증으로 인해 정상적인 경제활동을 할 수 없기 때문입니다.

실제 조사 결과 직업을 계속 유지한 비율은 6.7%에 불과하고, 이에 따른 소득상실 비용 또한 1억 3천 5백만원이나 된다는 조사 결과도 있습니다.
그래서 뇌출혈, 뇌경색증 보장은 다른 질환에 비해 높은 수준으로 준비해야 합니다."

상담 포인트

① 뇌출혈의 75%는 고혈압에서 온다.

고혈압이 있거나, 고혈압 가족력이 있다면 보장을 튼튼하게 해야 한다.

② 뇌출혈은 50대에 가장 위험한 질환이다.

젊을 때 발생한다는 것은 그 만큼 소득상실 위험이 크다는 의미이다.

③ 뇌경색증은 뇌혈관질환 중 가장 많으며, 후유증을 동반하는 대표적인 질환이다.

연간 50만명이 진료받고 있으며, 전체 뇌혈관질환 환자의 43%를 차지하고 있다.

④ 뇌졸중으로 인한 소득상실 비용은 다른 어떤 질환보다도 높다.

환자의 6.7%만이 직업을 유지하며, 연간 소득상실 비용이 1억 3천 5백만원이나 된다.

M / E / M / O

(특정)뇌혈관질환 · 뇌졸중 진단비 특약
특징과 상담 포인트

✓ 뇌출혈, 뇌경색증에 기타 뇌졸중까지 포함하는 보장이 뇌졸중 보장이다

약관(요약)

○○생명보험 특정뇌혈관질환 진단특약

○○손해보험 뇌졸중 진단비 특약

다음의 질환으로 진단이 확정되었을 경우 특약가입금액 100% 지급 (갱신형)/비갱신형은 1년 미만 50% 지급한다. (최초 1회한)

❷

대상질병	분류코드	환자 수	비율
1. 거미막하 출혈	I60	35,698명	3.0%
2. 뇌내출혈	I61	57,382명	4.8%
3. 기타 비외상성 두개내출혈	I62	10,244명	0.9%
4. 뇌경색증	I63	508,415명	42.7%
5. 뇌경색증을 유발하지 않은 뇌전동맥의 폐쇄 및 협착	I65	129,197명	10.9%
6. 뇌경색증을 유발하지 않은 대뇌동맥의 폐쇄 및 협착	I66	50,292명	4.2%

관련 특약: 뇌졸중을 보장하는 다양한 상품 및 특약의 유형

유형 1
"특정뇌혈관질환 진단 특약"은 ❷와 보장범위가 같은 특약이다.
질병코드 I64(출혈 또는 경색증으로 명시되지 않은 뇌졸중)는 제외된다.

유형 2
'특정뇌혈관질환 및 특정심장질환 진단특약'은 뇌혈관질환과 심장질환을 묶어서 함께 보장하는 특약이다.

유형 3
'2대 질병 보장특약'은 뇌혈관질환과 심장질환을 2대 질환으로 하며, 뇌출혈과 급성심근경색증만 묶어서 보장하기도 한다.

유형 4
'순환계질환 진단특약(1~5종)' 은 기타 뇌혈관질환을 4종으로 분류하여 보장한다.

유형 5
뇌혈관질환을 질병코드로 분류하여 각각 보장한다.
(예 : 뇌출혈/뇌경색증/기타뇌졸중/기타뇌혈관질환 각각 선택할 수 있음)

M/E/M/O

뇌졸중의 특징과 보장의 중요성

뇌졸중은 뇌출혈, 뇌경색증 및 기타 뇌졸중과 뇌경색증을 유발하지 않은 뇌동맥의 폐쇄 및 협착을 포함한다.

이 중 I64, I65, I66에 해당하는 질환은 다음과 같은 특징을 가진다.

세부 질환별(기타 뇌졸중) 관련 질환의 특징

- **출혈 또는 경색증으로 명시되지 않은 뇌졸중(I64)**
  - 심한 두통과 어지럼증, 구토, 호흡곤란, 온몸이 저려 병원 응급실에 내원해 MRI검사를 받았는데, 출혈 또는 경색 소견이 없다? → I64 진단
  - '미니뇌졸중'이라고도 하며, 이 경우 3분의 1이 3개월 내 뇌졸중이 발생한다.
  - 환자 수는 2만 3천명, 전체 뇌혈관질환의 1.9%를 차지

- **뇌경색증을 유발하지 않은 뇌전동맥의 폐쇄 및 협착(I65)**
- **뇌경색증을 유발하지 않은 대뇌동맥의 폐쇄 및 협착(I66)**

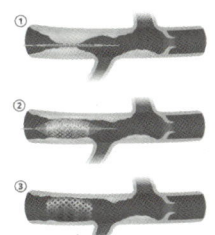

[스텐트 삽입술]

- 뇌로 가기 전 길목(목)의 큰 혈관을 뇌전동맥이라 하고, 여기서 세 개의 대동맥(앞 대뇌동맥, 중간 대뇌동맥, 뒤 대뇌동맥)이 갈라져 뇌에 혈액을 공급한다.
- 이들 뇌동맥에 죽상경화가 생겨 혈액 공급이 되지 않거나 혈전(피 덩어리)가 떨어져 나가 혈관을 막으면 뇌경색(뇌 세포에 혈액공급이 되지 않아 뇌 세포가 죽는 것)이 발생하게 된다.
- 치료는 증세가 약할 때는 혈전치료제를 처방하나, 폐쇄 및 협착이 심하면 스텐트를 삽입해 막힌 동맥을 넓히거나, 혈전을 수술적 방법으로 제거한다.

'기타 뇌졸중' 보장이 필요한 이유 - 환자 수 계속 증가

뇌졸중 증상이 발생한 이후에는 많은 치료비가 필요하고 소득상실에 따른 어려움이 발생한다. 증상이 발생하기 전에 발견할 수만 있다면 큰 도움이 될 것이다. 최근 CT나 MRI와 같은 기계를 활용하여 미리 찾아내는 경우가 많아지고 있다. 그 결과 기타 뇌졸중(I64, I65, I66)의 환자 수가 최근 4년간 급속히 증가하였다.

환자 수가 증가한다는 의미는 향후 보험료가 높아진다는 의미이므로 미리 준비함으로써 보험료를 아낄 수 있다.

최근 4년간 환자수 증가 추이 - 평균 37%증가

	2018년	2021년	증가율
뇌경색증을 유발하지 않은 뇌전동맥의 폐쇄 및 협착(I65)	92,245명	129,197명	40% ↑
뇌경색증을 유발하지 않은 대뇌동맥의 폐쇄 및 협착(I66)	38,917명	50,292명	29% ↑

(자료 : 건강보험심사평가원, 2021년)

'뇌졸중'을 보장하는 다양한 특약의 유형과 활용 방법

뇌졸중은 뇌출혈, 뇌경색, 기타 뇌졸중 등이 모두 포함된다.

뇌졸중을 보장하는 특약 중에는 이들 중 일부만 보장하거나 전체 뇌졸중을 보장 또는 뇌혈관질환 전체를 보장하는 특약 등이 있다.

보장범위가 넓으면 그 만큼 보험료가 높아질 수 밖에 없기에 보험료 부담도 고려하지 않을 수 없다. 합리적 보험료로 최대의 효과를 얻기 위해서는 "받고, 받고, 또 받는" 다층보장 설계가 중요하다. 이를 "3층 보장전략"이라고 한다.

뇌졸중 진단금 관련 특약 활용법 - 3층 보장 전략(특약 가입금액 1,000만원 가정시)

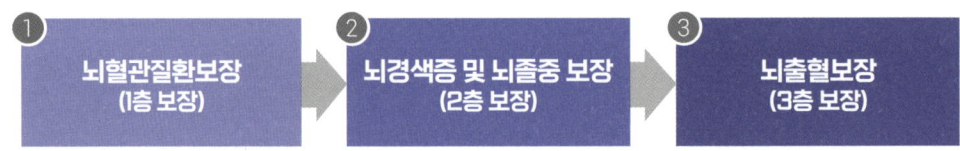

- 뇌출혈이 발생하면? → ❶에서 받고, ❷에서 받고, ❸에서 또 받고 : 3천만원 지급
- 뇌경색증이 발생하면? → ❶에서 받고, ❷에서 받고 : 2천만원 지급
- 기타 뇌졸중이 발생하면? → ❶에서 받고 : 1천만원 지급

10. 뇌혈관질환 진단비 특약

달인의 화법 — **뇌졸중의 보장 범위와 환자 증가 추세에 초점을 맞춘다.**

"뇌졸중에는 출혈성 뇌졸중인 뇌출혈과 허혈성 뇌졸중인 뇌경색 및 기타 뇌졸중 등이 있습니다.

당연히 뇌출혈과 뇌경색증이 위험한 질환인데요, 뇌졸중이 발생하기 전에 미리 발견해 원인을 제거하는 것이 가장 좋습니다.

최근 뇌질환 진단기술이 발전하면서 뇌경색 증세는 없지만 CT나 MRI를 촬영해보면 뇌졸중으로 진단되는 경우가 자주 발생합니다. 이 때문에 기타 뇌졸중 환자가 크게 늘어나고 있는데요, 최근 4년 동안 37%나 증가하고 있습니다.

환자 증가 속도가 빠른 질병은 미리 준비하시면 비용을 줄일 수 있습니다.

상담 포인트

① _ **뇌졸중 진단특약과 특정 뇌혈관질환 진단특약은 보장대상이 같은 특약이다.**

② _ **뇌졸중 진단특약에는 뇌출혈, 뇌경색증이 포함되며, 기타 뇌졸중까지 보장한다.**
질병분류코드 I60~I63 / I65~I66이 보장대상이다.

③ _ **뇌경색증을 유발하지 않은 뇌전동맥의 폐쇄 및 협착(I65) 및 뇌경색증을 유발하지 않은 대뇌동맥의 폐쇄 및 협착(I66)은 환자 수도 많고 최근 4년 동안 37%나 환자가 급증한 질환이다.**

뇌혈관질환 진단비 특약
특징과 상담 포인트

✓ 뇌혈관 질환보장: 특약중 가장 보장 범위가 넓은 특약이다.

약관(요약)

○○생명보험 뇌혈관질환 진단특약

○○손해보험 뇌혈관질환 진단비 특약

'뇌혈관질환'으로 진단이 확정되었을 경우(최초 1회한) - 1년 미만 50% 지급

대상질병	분류번호
거미막하출혈	I60
뇌내출혈	I61
기타 비외상성 두개내출혈	I62
뇌경색증	I63
출혈 또는 경색증으로 명시되지 않은 뇌졸중	I64
뇌경색증을 유발하지 않은 뇌전동맥의 폐쇄 및 협착	I65
뇌경색증을 유발하지 않은 대뇌동맥의 폐쇄 및 협착	I66
기타 뇌혈관질환	I67
달리 분류된 질환에서의 뇌혈관장애	I68
뇌혈관질환의 후유증	I69

Point
- ✓ 손해보험회사의 경우 갱신형은 기간 감액 없으며, 비갱신형은 1년 미만 50% 감액
- ✓ 생명보험회사의 경우 1년 미만 50% 감액 특약이 기본적

| 관련 특약 | 뇌혈관질환을 보장하는 다양한 특약들 |

유형 1   '뇌혈관질환 및 허혈성심장질환 진단특약'의 형태로 동시에 보장하는 특약의 유형

유형 2   '순환계질환 진단특약(1~5종)'에서 경증 뇌혈관질환(I64~I69)은 4종으로, 뇌출혈 및 뇌경색증은 5종으로 분류하여 보장한다.

유형 3   '뇌혈관질환 진단특약'의 하위 질환으로 각각의 질병코드별로 선택할 수 있도록 구성한 특약
→ 예) 뇌혈관 질환 진단특약[뇌혈관 질환의 후유증]

M / E / M / O

'기타 뇌혈관질환'의 특징과 보장의 중요성

기타 뇌혈관질환은 환자 수가 33만명으로, 뇌경색증 다음으로 환자 수가 많은 뇌혈관질환이다. 많은 분들이 뇌출혈, 뇌경색증, 뇌졸중 등의 보장은 가지고 있지만 기타 뇌혈관질환(I67)보장은 없는 경우가 대부분이다.

따라서 보장 분석 시 '기타 뇌혈관질환'이 포함되어 있는지 확인할 필요가 있다.

기타 뇌혈관질환의 특징과 환자 수

- MRI, MRA검사에서 의미있는 협착은 없지만 뇌경색 증세를 나타내는 질환이다.
- 기타 뇌혈관질환(I67)에는 대뇌동맥의 박리, 대뇌죽상경화증, 백질뇌병증, 고혈압성 뇌병증, 모야모야병, 상세불명의 뇌혈관질환 등이 포함된다.
- 소혈관, 미세혈관 검진을 통해 우연히 발견되는 경우가 많고, 신경학적 결손이 동반되지 않을 경우 보장이 어려울 수 있다.

기타 뇌혈관질환의 주요 하위질환

명칭	분류 번호	환자 수	비율
파열되지 않은 대뇌동맥류	I67.1	143,808	43%
대뇌죽상경화증	I67.2	50,283	15%
모야모야병	I67.5	14,943	5%
기타 명시된 뇌혈관질환	I67.8	59,077	18%
상세불명의 뇌혈관질환	I67.9	64,240	19%

(자료 : 건강보험심사평가원, 2021. 비율:기타뇌혈관질환 전체 환자 대비/ 단위: 명)

[참고] 모야모야병

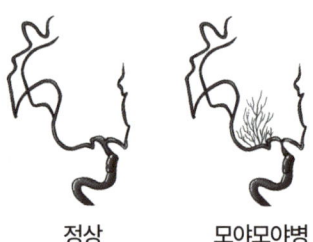

정상　　모야모야병

- 일본어로 연기가 모락모락 올라가는 모양이란 의미
- 원인 미상
- 뇌 속의 혈관이 좁아지다가 막히는 질환
- 4세~10세, 30대~40대에 많이 발생
- 소아 발생이 많다는 것이 특징

'뇌혈관질환 후유증'의 특징과 보장의 중요성

뇌혈관질환은 후유증을 동반한다. 특히 뇌졸중은 70% 이상의 환자에게서 안면마비나 편측마비, 구음장애 등의 후유증이 나타나는 질환이다.

이러한 후유증은 정상적인 경제활동을 어렵게 만든다는 공통점을 가지고 있다.

뇌혈관질환의 후유증

- 질병코드 I60~I68로 인해 발생하는 후유증을 보장 대상으로 한다.
- 뇌혈관질환 후유증으로 치료받는 환자 수는 약 4만명이나 된다.

달인의 화법 — 기타 뇌혈관질환(I67)보장 여부를 꼭 확인한다.

"뇌혈관질환 중 뇌경색증은 환자 수가 50만명에 이를 만큼 많아 뇌혈관질환 중 1위인 질병입니다. 이 때문에 뇌경색증 보장은 뇌혈관 질환 보장의 핵심이고 대부분 보장을 준비하고 있는 것 같습니다.

그런데, 기타 뇌혈관질환은 환자 수가 33만명이나 됨에도 보장이 없는 경우가 대부분입니다. 기존의 보험상품이 뇌출혈, 뇌경색증에 집중되어 있기 때문입니다.

모야모야 병에 대해 들어보셨을 텐데요, 뇌의 모세혈관에 문제가 생기는 병입니다. 이 질병은 소아나 젊은 계층에 많이 발생하기에 더욱 보장이 필요합니다.
이 때문에 저는 고객님의 보장을 분석할 때 꼭 기타 뇌혈관질환 보장이 있는지 확인합니다."

상담 포인트

① 기타 뇌혈관질환은 MRI, MRA검사에서 의미있는 협착은 없지만 뇌경색 증세를 나타내는 질환이다.

② 기타 뇌혈관질환은 환자 수가 33만명으로, 뇌경색증 다음으로 환자 수가 많다.

모야모야병은 특히 젊은 나이에 많이 발생하는 특징을 가지고 있다.

③ 뇌졸중 환자의 70% 이상이 후유증을 가지고 있다. 뇌혈관질환 후유증 보장은 질병코드 I60~I68로 인해 발생하는 후유증을 보장대상으로 한다.

11

허혈성 심장질환 관련 진단비 특약

허혈성 심장질환은 위험하면서
환자 수가 많은 질환이다.

· 허혈성 심장질환 관련(허혈성 심장질환,
  심근경색증, 특정 허혈성 심장질환,
  기타 허혈성 심장질환) 진단비 특약

허혈성 심장질환의 종류와 환자 수, 질병별 비중

심장질환은 사망원인 2위에 해당하는 질환이다. 이 중 허혈성 심장질환은 매우 위험하고 이른 나이에 발생하는 경우가 많으며, 전조 증상이 없이 발생하기에 "침묵의 암살자"라고도 한다. 허혈성 심장질환으로 매년 100만명 이상이 치료받고 있다.

허혈성 심장질환 Map

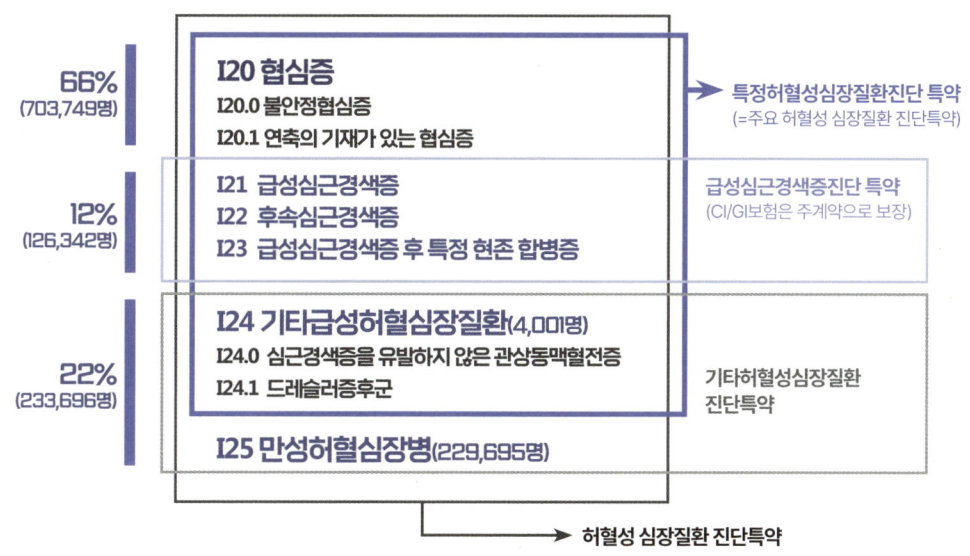

(자료: 건강보험심사평가원, 2021. 비율: 허혈성 심장질환 전체 환자 대비)

M/E/M/O

진단비 보장 특약

허혈성 심장질환 관련 진단비 특약
특징과 상담 포인트

✓ 허혈성 심장질환은 위험하면서도 환자가 많은 질환이다

약관(요약)

○○손해보험
허혈성 심장질환 진단비(갱신형/비갱신형) 특약

'허혈성 심장질환'으로 진단이 확정되었을 경우(최초 1회한) 특약가입금액 지급(갱신형) → 1년 미만 50% 지급(비갱신형)

①

대상질병	분류번호	환자 수	비율
1. 협심증	I20	703,749명	66.1%
2. 급성 심근경색증	I21	126,342명	11.9%
3. 후속심근경색증	I22	809명	0.1%
4. 급성 심근경색증 후 특정 현존 합병증	I23	422명	0.0%
5. 기타 급성 허혈심장질환	I24	4,001명	0.4%
6. 만성 허혈심장병	I25	229,695명	21.6%

(자료: 건강보험심사평가원, 2021. 비율: 허혈성 심장질환 전체 환자 대비)

○○생명보험 허혈성 심장질환 진단특약

'허혈성 심장질환'으로 진단이 확정되었을 경우 특약가입금액 지급(최초 1회한) /1년 미만 50% 지급(갱신형/비갱신형)
- 보장대상 질병은 ①과 동일

○○손해보험
주요 허혈성 심장질환 진단특약 (갱신형 / 비갱신형)

다음의 질환으로 진단이 확정되었을 경우 특약가입금액 지급(최초 1회한)(갱신형) → 1년 미만 50% 지급(비갱신형)

대상질병	분류번호
1. 불안정협심증	I20.0
2. 연축의 기재가 있는 협심증	I20.1
3. 급성 심근경색증	I21
4. 후속심근경색증	I22
5. 급성 심근경색증 후 특정 현존 합병증	I23
6. 심근경색증을 유발하지 않은 관상동맥혈전증	I24.0
7. 드레슬러증후군	I24.1

※ 생명보험회사의 "특정 허혈성심장질환 진단특약"의 보장대상과 동일(1년 미만 50% 지급)

○○생명보험 급성 심근경색증 진단특약

'급성 심근경색증(I21, I22, I23)'으로 진단이 확정되었을 경우 특약가입금액 지급(최초 1회한) → 1년 미만 50% 지급(갱신형/비갱신형)

※ 손해보험회사의 경우 갱신형은 1년 50% 감액, 비갱신형은 감액없이 특약가입금액지급

○○생명보험 기타 허혈성 심장질환 진단특약

I24 및 I25로 진단이 확정되었을 경우 특약가입금액 지급(최초 1회한) → 1년 미만 50% 지급(갱신형/비갱신형)

※ 손해보험회사의 경우 갱신형은 1년 50% 감액, 비갱신형은 감액없이 특약가 입금액 지급

허혈성 심장질환/급성 심근경색증/협심증/ 기타 급성 허혈심장질환/만성허혈심장병을 보장하는 다양한 특약들

관련특약 허혈성 심장질환/급성 심근경색증/협심증/기타 급성 허혈심장질환/ 만성허혈심장병을 보장하는 다양한 특약들

유형 1 "허혈성 심장질환의 각각의 질병 하나 하나를 선택할 수 있도록 구성한 특약 (예 : 허혈성 심장질환[협심증]진단특약)

유형 2 "허혈성 심장질환 및 뇌혈관질환 진단특약"의 형태로 2대 질환을 묶어서 보장하는 특약

유형 3 주계약 자체가 "급성 심근경색증"을 보장하는 보험 상품 (CI보험, GI보험, 건강종신보험)

유형 4 '순환계질환 진단특약(1~5종)'은 협심증 및 경증 허혈성심장 질환 (I24, I25)을 4종으로, 급성 심근경색증을 5종으로 분류 하고, 이를 보장

※ (주의) "경증심장질환"은 "경증허혈성 심장질환"과 다르다. 전자는 기타 심장질환의 일부를 보장대상으로 하는 반면, 후자는 I24, I25를 보장 대상으로 한다.

급성 심근경색증의 특징과 보장의 중요성

급성 심근경색증은 바로 죽음으로 연결될 만큼 매우 위험한 질환이다. 환자 수도 많으며, 특히 남자가 여자에 비해 3.6배나 많다.

급성 심근경색증의 특징과 보장전략

특징
- 심장에 있는 관상동맥이 급성 또는 만성으로 협착이 일어나 심장에 혈류 공급이 감소하면서 허혈상태에 빠지는 질환

위험성
- 전조 증상 없이 갑자기 발생 → 돌연사의 가장 큰 원인 질병

원인
- 가족력, 고지혈증, 당뇨병, 고혈압, 흡연 등으로 죽상경화증이 진행되면 혈전이 발생하고 혈전이 혈관의 70% 이상을 막으면 발생

환자 수

총환자 수 126,342명  98,595명 (78%) 3.6배 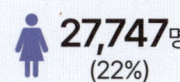 27,747명 (22%)

보장전략
1. 남자가 여자에 비해 환자 수가 3.6배나 많다. 남자의 보장이 여자에 비해 3.6배 이상 높은 수준의 보장을 준비해야 한다.
2. 가족력, 비만, 만성질환 위험이 크다면 보장을 더욱 강화해야한다.

협심증의 종류

협심증은 허혈성 심장질환중 가장 많이 발생하는 질환이다. 환자 수가 70만명에 이르고 전체 허혈성 심장질환의 66%가 협심증이다.

특히 남자가 여자에 비해 1.5배나 환자 수가 많다. 협심증은 세 가지 유형으로 나누어 지며, 특히 불안정협심증은 심근경색증으로 연결될 수 있는 위험한 질환이다.

협심증의 종류

- **협심증** I20(70만명)
  - **안정형 협심증**
    - I20.9(40만명)
    - I20.8(12만명)
    - 동맥경화증으로 만성적 협착이 되어 흉통 발생 → 빨리 뛰면 심장이 쥐어짜듯 아픔
    - 안정을 취하면 통증 완화
    - 상세불명의 협심증(I20.9) 및 기타 형태의 협심증(I20.8)
  - **불안정형 협심증**
    - I20.0(17만명)
    - 죽상경화로 혈전이 생겨 급작스럽게 협착이 발생 → 특별한 활동 없는데도 심장이 쥐어짜듯 아픔
    - 심혈관 성형술 또는 스텐트 삽입술 시행
  - **변이형 협심증**
    - I20.1(7만명)
    - 죽상경화 병변이 없음에도 혈관의 연축에 의해 혈류장애 발생
    - 혈압약, 고지혈증약, 니트로글리세린(혈관확장제) 처방

협심증의 특징과 보장 전략은?

협심증 중에서 가장 위험한 질환은 불안정협심증이다.

협심증의 원인은 고령이 첫째로 꼽히고, 가족력, 고혈압 등 만성질환이 원인이다. 협심증은 허혈성 심장질환의 중심이며, 가장 환자 수가 많으며, 반드시 보장이 준비되어야 한다.

협심증의 특징과 보장전략

- **특징**: 심장동맥이 15%~90%이상 좁아지면 심장에 많은 산소와 영양분이 필요한 상황(예: 운동)에서 심장에 혈액 공급이 제대로 공급되지 못해 가슴 통증 증상이 생기는 질환
- **위험성**: 관상동맥의 70%이상이 협착에 의해 막히면 심근의 일부가 허혈로 흉통을 일으킨다. 특히 불안정형 협심증은 심근경색증으로 발전할 수 있다.
- **원인**: 가족력, 고령, 흡연, 고혈압, 당뇨병, 비만, 운동부족
- **환자 수**: 총환자 수 703,749명
- **보장전략**:
  1. 남자가 여자에 비해 환자 수가 1.5배나 많다. 남자의 보장이 여자에 비해 1.5배 이상 높은 수준의 보장을 준비해야 한다.
  2. 가족력, 비만, 만성질환 위험이 높다면 보장을 더욱 강화한다.

'기타허혈성심장질환'의 특징과 특약의 보장대상

기타급성허혈심장질환(I24)과 만성허혈심장병(I25)을 묶어 보장하는 특약이다. 죽상경화 또는 관상동맥의 혈전으로 인해 발생하지만 경증 상태에 있는 질환으로 분류된다.

기타급성허혈심장질환(I24)의 종류와 특징(주요 질환)

- 심근경색증을 유발하지 않는 관상동맥혈전증(I24.0)
  - 환자 수 618명으로 많지 않음
- 드레슬러증후군(I24.1) : 심근경색증 발생 후 10일~2개월 사이에 발생하는 심낭염
  - 환자 수 284명으로 희소 질환

만성 허혈심장병(I25)의 종류와 특징

- 죽상경화성 심혈관질환(I25.0), 죽상경화성 심장병(I25.1), 심장의 동맥류(I25.3), 관상동맥류 및 박리(I25.4), 허혈심근병증(I25.5), 무증상성 심근허혈(I25.6), 기타 형태의 만성 허혈심장병(I25.8) 등이다.
- 대부분 죽상경화로 인한 허혈이 발생하거나, 심장 혈관이 찢어지거나 동맥류가 발생하여 생기는 질환으로, 경증이라고 할 수 있다.

허혈성 심장질환을 보장하는 다양한 특약의 유형과 활용 방법

위험한 질환은 높은 보장을, 그렇지 않은 질환은 보장금액은 낮추더라도 빠짐없는 폭 넓은 보장을 만든다면 보험료를 아끼면서도 효과적인 보장 혜택을 얻을 수 있다. 이를 위해서는 받고, 받고, 또 받는 "3층 보장"으로 구성되는 것이 효과적이다.

허혈성 심장질환 관련 특약 활용법 - 3층 보장 전략(특약 가입금액 1,000만원 가정시)

- 급성심근경색증이 발생하면? → ❶에서 받고, ❷에서 받고, ❸에서 또 받고 : 3천만원 지급
- 협심증이 발생하면? → ❶에서 받고, ❷에서 받고 : 2천만원 지급
- 기타 허혈성심장질환이 발생하면? → ❶에서 받고 : 1천만원 지급

허혈성 심장질환은 남자와 여자의 보장이 달라야 하는 대표적인 질환

허혈성 심장질환은 남자와 여자의 환자 수 차이가 확연히 다른 질환이다. 따라서 남자의 보장은 여자에 비해 1.8배는 많아야 하며, 특히 급성 심근경색증은 3배 이상 남자에게 많이 발생하므로 더 높은 수준의 보장이 필요하다.

또 하나 고려할 부분은 허혈성 심장질환 발생 가능성이 높은 원인을 가지고 있는지도 살펴야 한다. 중요 원인은 "비 · 가 · 담 · 고 · 당 · 고"이다.

허혈성 심장질환 남녀 환자 수

총환자 수 106만명 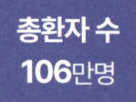 68만명 (69%) > 1.8배  38만명 (36%)

허혈성 심장질환 원인

비	가	담	고	당	고
비만	가족력	담배	고혈압	당뇨	고지혈증

달인의 화법 — 남자와 여자의 차이와 발생 원인을 주제로 상담하는 것이 효과적이다.

"심장질환하면 생각나는 인물이 있습니다. 백두혈통이라는 북한의 김일성은 심장질환으로, 아들 김정일도 심장질환으로 사망했다고 알려져 있습니다. 그의 아들 또한 사진으로 보면 추측이 가능한데요.

허혈성 심장질환의 여섯 가지 원인이 모두 해당할 것 같습니다.

허혈성 심장질환 보장을 설계할 때 저는 비만, 가족력, 담배, 고혈압, 당뇨병, 고지혈증 발생 가능성을 꼭 확인합니다. 여기에 남자일 경우 보다 보장을 강화해야 하는데, 심근경색의 경우 남자가 여자에 비해 3.6배나 많고, 허혈성 심장질환 전체로도 1.8배나 많기 때문입니다.

특히, 남자는 소득상실위험까지 높기에 더욱 보장을 충실하게 해야 합니다."

상담 포인트

❶ 허혈성 심장질환 중 협심증 환자의 비율이 66%로 가장 높다.

이 중 위험한 협심증은 불안정협심증으로, 17만명을 차지하고 있다.

❷ 급성 심근경색증은 환자 수도 많고, 가장 위험한 질환으로 특히 남자에게 더욱 위험한 질환이다.

남자가 여자에 비해 3.6배나 환자 수가 많으며, 소득상실 위험 또한 높은 질환이다.

❸ 허혈성 심장질환은 대부분 심장의 동맥혈관이 막히는 죽상경화로부터 시작된다.

죽상경화가 심해지면 협심증이, 완전히 혈관을 막으면 심근경색증이 발생한다.

❹ 여자와 남자의 보장이 달라야 하는 대표적인 질환이다.

허혈성 심장질환은 남자가 1.8배나 많고, 심근경색증은 남자가 3.6배나 많으므로 보장 또한 이에 맞추어 설계해야 한다.

❺ 허혈성 심장질환 보장을 강화해야 하는 사람은 "비 · 가 · 담 · 고 · 당 · 고"에 해당하는 사람들이다.

비만, 가족력, 담배, 고혈압, 당뇨병, 고지혈증 여부를 확인한다.